GEORG MARKUS

Hinter verschlossenen Türen

GEORG MARKUS

Hinter verschlossenen Türen

Menschen im Hotel

Mit 91 Abbildungen

AMALTHEA

1. Auflage September 2016
2. Auflage November 2016

Besuchen Sie uns im Internet unter: amalthea.at
© 2016 by Amalthea Signum Verlag, Wien
Alle Rechte vorbehalten
Umschlaggestaltung: Elisabeth Pirker/OFFBEAT
Umschlagfoto: iStock.com
Herstellung und Satz: VerlagsService Dietmar Schmitz GmbH, Heimstetten
Gesetzt aus der 13/17,25 Goudy
Printed in the EU
ISBN 978-3-99050-050-7

Für Daniela,
ohne die dieses Buch
nicht entstanden wäre,
in Liebe

INHALT

Erstaunliches vom Tatort Hotel
Vorwort

Als meine Frau – ich muss es gestehen – die Idee zu diesem Buch hatte, hätte ich nicht gedacht, wie sehr der »Tatort Hotel« die Weltgeschichte beeinflusste. So starben der amerikanische Präsidentschaftskandidat Robert Kennedy, der Bürgerrechtskämpfer Martin Luther King, die österreichische Kaiserin Elisabeth und der k. u. k. Ministerpräsident Karl Graf Stürgkh nach Attentaten in Hotels. Auf Präsident Ronald Reagan wurde im Capital Hilton in Washington ein Mordanschlag verübt, dem er – was vom Secret Service lange geheim gehalten wurde – beinahe erlegen wäre. Auf nie ganz geklärte Weise starben der Politiker Uwe Barschel und der Schauspieler Gustaf Gründgens in ihren Hotelzimmern.

Glücklicherweise ereignete sich in den Bars, Suiten und Fremdenzimmern großer Hotels auch weit Erfreulicheres. Marlene Dietrich etwa wurde im Berliner Adlon für die Rolle der kessen Lola in *Der blaue Engel* entdeckt – für jenen Film, der ihrer Weltkarriere zugrunde liegt. Liebesromanzen in abgeschiedenen Hotels erlebten die Dichter Ernest Hemingway und Arthur Schnitzler, und die Literaturgeschichte verdankt den Hotelaufenthalten von Thomas Mann und Fjodor Dostojewski die Entstehung zweier Jahrhundertromane. Allerdings musste Oscar Wilde sein Ende als Schriftsteller im Londoner Cadogan Hotel erleben, wo er – infolge seiner Homosexualität – verhaftet wurde.

In vielen der in diesem Buch beschriebenen Quartiere kehrte ich zu Recherchezwecken selbst ein, oder ich kenne sie von früheren Aufenthalten. In den meisten Fällen unterstützten mich Besitzer und Mitarbeiter mit großem Engagement dabei, den Geschichten, die sich in ihren Hotels ereignet hatten, nachzugehen. Aus dem vornehmen Beau-Rivage sind gleich zwei – bereits erwähnte – Kriminalfälle zu melden: das Attentat auf »Sisi« und der Tod des Ministerpräsidenten von Schleswig-Holstein, Uwe Barschel. Doch während die Geschäftsführung, so hat's den Anschein, geradezu stolz darauf ist, dass Österreichs Kaiserin in dem Genfer Hotel ihren letzten Atemzug tat, will man dort mit der Affäre Barschel absolut nichts zu tun haben. Das ist mir auch in anderen Hotels aufgefallen: Je länger ein Fall zurückliegt, desto lieber spricht man darüber.

Ich besuchte auch das Adlon, das Waldorf Astoria in New York, das Chateau Marmont in Hollywood und die Colombe d'Or bei Nizza, in der die lebenslange Liebe der Schauspieler Simone Signoret und Yves Montand entbrannte, ich war im Pariser Ritz, in dem die britische Prinzessin Diana die letzten Stunden ihres Lebens verbrachte. Und ich kenne natürlich sehr gut das Wiener Grand Hotel, das Sacher, das Bristol und das Imperial (in dem Hitler seine Residenz in der »Ostmark« aufschlug).

Vor seinem Abbruch erlebte ich eine Show im legendären Sands Hotel in Las Vegas, in dem Frank Sinatra nicht nur auftrat, sondern auch Miteigentümer war – gemeinsam mit ein paar Herren von der Mafia übrigens.

Gut zu kennen glaubte ich weiters das Hotel del Coronado im südkalifornischen San Diego, weil ich den darin gedrehten Billy-Wilder-Film *Manche mögen's heiß* schon weiß Gott wie oft gesehen hatte – bis ich wirklich dort war und sich alles ganz anders darstellte. Die größte Überraschung: Die durch den Flirt von Marilyn Monroe und Tony Curtis weltberühmt gewordenen Strandkörbe gibt es in Wirklichkeit gar nicht.

Billy Wilder verkehrte nicht nur im Coronado, sondern auch im Berliner Eden-Hotel, in dem er in jungen Jahren als Eintänzer tätig war – weil er von den Honoraren als Nachwuchsreporter der *BZ am Mittag* allein nicht leben konnte. Erfreulicherweise hat der spätere Hollywoodregisseur über seine Gigolo-Erlebnisse eine vierteilige Zeitungsserie verfasst, sodass wir auch dieses Kapitel seines Lebens detailreich nachvollziehen können. »Es ist nicht leicht«, berichtete Wilder, »schwergewichtige Damen herumzuschwenken, die das Rhythmusgefühl eines Nilpferds haben.«

Das Eden – in dem auch ein dunkles Kapitel deutscher Geschichte geschrieben wurde – konnte ich nicht mehr aufsuchen, weil es im Zweiten Weltkrieg zerstört wurde. Ebenso wenig wie das einstige Hotel Klomser in Wien, in dem der Spion Oberst Redl vom k. u. k. Generalstab zum Selbstmord gezwungen wurde.

Nicht selten wurden den Hotels historische Ereignisse zum Schicksal: Mit dem Ambassador in Los Angeles, in dem Robert Kennedy tödlich verletzt wurde, ging es nach dem Attentat bergab, bis es 1989 für immer schloss. Das Lorraine Motel in Memphis, in dem der tödliche Schuss auf Martin Luther King fiel, wurde zu einer Gedenkstätte umgestaltet. Und das Appartement im Beverly Hilton Hotel, in dem Whitney Houston an einer Überdosis elend zugrunde ging, erhielt nach ihrem Tod eine neue Zimmernummer, sodass heute nicht mehr nachvollzogen werden kann, wo genau die Popdiva gestorben ist. Ganz anders verhält es sich im früheren Europäischen Hof in Marburg an der Lahn, in dem 1984 Oskar Werner einem Herzinfarkt erlag. Fragt man sich bei den heutigen Hotelangestellten durch, weiß keiner mehr, wer der Schauspielgigant überhaupt war.

Auch einer der größten Politskandale des 20. Jahrhunderts nahm in einem Hotel seinen Anfang: Im Watergate in Washington war die Demokratische Parteizentrale untergebracht, in deren Büros während des Präsidentschaftswahlkampfs 1972 eingebrochen wurde. In der Folge musste Richard Nixon als erster und bisher einziger Präsident der Vereinigten Staaten zurücktreten.

Nixons einstigem Gegenspieler John F. Kennedy ist ein weiteres Kapitel gewidmet. Er und Marilyn Monroe trafen einander regelmäßig im New Yorker Carlyle Hotel, das für intime Rendezvous deshalb besonders geeignet ist, weil man es auch durch einen unterirdischen Tunnel erreichen kann, dessen Eingang einige hundert Meter vom offiziellen Entree entfernt ist. So konnte – selbst bei den beiden bekanntesten Personen Amerikas – niemand »Verdacht schöpfen«.

Üblicherweise lernen wir Hotels, Pensionen und Landgasthöfe als Urlaubs- oder Geschäftsreisende kennen, in diesem Buch sind sie »Tatorte«. Es sind 34 Kapitel, die so unterschiedliche Themen wie Liebe, Sexualität, Mord, Selbstmord, Politik, Filmdreharbeiten, Naturkatastrophen und Drogenmissbrauch behandeln. Und natürlich auch das Wichtigste aus der Historie der betreffenden Hotels.

Ich selbst hätte, wie eingangs erwähnt, vor Beginn meiner Recherchen nicht gedacht, dass in Hotels so viel Erstaunliches passierte und so viel Geschichte geschrieben wurde.

In den allermeisten Fällen: »Hinter verschlossenen Türen«.

GEORG MARKUS
Wien, im August 2016

Danksagung

Der Autor dankt den folgenden Persönlichkeiten für Auskünfte und Mitarbeit zu diesem Buch: Sabina Held (Hotel Adlon, Berlin), Jaqueline Marschitz (Grand Hotel, Wien), Danièle Roux (La Colombe d'Or, Saint-Paul-de-Vence), Elisabeth Denetz, Michael Moser und Daniela Stoppel (Hotel Imperial, Wien), Audrey Banniard (Carlton Hotel, Cannes), Elisabeth Gürtler, Reiner Heilmann und Marie Adler (Hotel Sacher, Wien), Michaela Richter und Norma

Schraub (Hotel Marburger Hof, früher Europäischer Hof, Marburg an der Lahn), Catherine Mayer (Hotel Beau-Rivage, Genf), Elizabeth Maxim (Beverly Hilton Hotel, Los Angeles), Josef Nels (Hotel Taube, Schruns), Gaby Keßler (Posthotel Rössle, Gaschurn), Hans Buczkowski (Ferdinand Raimund Gedenkstätte, Pottenstein), Jennifer Cooke (The Carlyle Hotel, New York) sowie zahlreichen weiteren Mitarbeitern der im Buch genannten Hotels.

Weiters Brigitte Sinhuber-Harenberg, Carmen Sippl, Madeleine Pichler und Sabine Zeiler (Amalthea Verlag), Helene von Damm, Harald Seyrl (Wiener Kriminalmuseum), Elisabeth Klamper (Dokumentationsarchiv des Österreichischen Widerstandes), Anna-Maria Bauer, Peter Broucek, Mathias Hadwiger und Dietmar Schmitz.

Den Untertitel dieses Buches, »Menschen im Hotel«, haben wir dem gleichnamigen, 1929 erschienenen Roman von Vicki Baum entlehnt.

Die Ermordung Robert Kennedys ...
... im Ambassador Hotel, Los Angeles

Als der Stummfilm in den 1920er-Jahren populär wurde und dessen Protagonisten plötzlich Millionen verdienten, erblühte das Ambassador Hotel mit der Adresse 3400 Wilshire Boulevard in Los Angeles zur Winterresidenz der Stars. Jean Harlow, John Barrymore und Gloria Swanson zählten zu den Dauergästen, es kamen aber auch Rudolpho Valentino, Joan Crawford und Loretta Young, und im hoteleigenen Nachtclub Coconut Grove unternahm Bing Crosby seine ersten Versuche als Barsänger. Später fanden im großen Ballsaal die Oscar-Verleihungen statt, und der gesamte Kennedy-Clan zählte zu den Stammgästen des Ambassador.

Knapp viereinhalb Jahre waren seit der Ermordung des 35. Präsidenten der USA, John F. Kennedy, vergangen, als auch seinem jüngeren Bruder die Stunde schlug. Das Unglück begann mit zwei Sätzen Robert Kennedys am 16. März 1968 im Konferenzsaal des Senatsgebäudes in Washington: »Ich gebe heute meine Kandidatur auf die Präsidentschaft der Vereinigten Staaten bekannt. Ich bewerbe mich nicht, um gegen einen anderen Mann

Robert Kennedy (1925–1968), US-Justizminister, Senator und Präsidentschaftskandidat

17

zu kandidieren, sondern um eine neue Politik anzubieten.«

Robert »Bobby« Kennedy hatte zum damaligen Zeitpunkt in seiner eigenen, der demokratischen Partei, mit drei Konkurrenten zu rechnen: mit Lyndon B. Johnson, der das Präsidentenamt nach der Ermordung von Roberts Bruder »Jack« übernommen hatte, mit Vizepräsident Hubert Humphrey und mit Senator Eugene McCarthy.

Präsident Lyndon B. Johnson (1908–1973) verzichtet auf die Kandidatur

Bobby lag gut im Rennen, er hatte ein erstklassiges Wahlkampfteam, das zum Teil aus Beratern bestand, die schon für John F. Kennedy im Weißen Haus tätig waren. Roberts Chancen stiegen rasant, als Lyndon B. Johnson am 31. März 1968 überraschend bekannt gab, dass er, »um die nationale Einheit zu wahren«, nicht kandidieren würde.

Johnsons Schritt verbesserte Kennedys Aussichten, da das Antreten gegen einen amtierenden Präsidenten immer ein unkalkulierbares Risiko darstellt. »Ich möchte wissen«, sagte Bobby, als ihm Johnsons Entscheidung mitgeteilt wurde, »ob er das auch getan hätte, wenn ich nicht eingestiegen wäre.«

Der 42-jährige Robert Kennedy setzte von Anfang an darauf, seine Familie als Präsidenten-Dynastie zu inszenieren, wie es sein Bruder John F. Kennedy schon 1959 vorgegeben hatte: »So wie ich in die Politik ging, weil Joe* gestorben ist, so würde mein Bruder Bobby sich um meinen Sitz im Senat bewerben, wenn mir morgen etwas zustieße. Und

---

* Joseph P. Kennedy junior (1915–1944) war der älteste der vier Kennedy-Brüder; er kam bei einem Flugzeugunglück im Zweiten Weltkrieg ums Leben.

*Er hatte gute
Chancen, wie sein
älterer Bruder John
Präsident der Vereinig-
ten Staaten von
Amerika zu werden:
Robert Kennedy*

wenn Bobby sterben würde, dann würde Teddy sein Werk
fortsetzen.«

Das waren nur allzu prophetische Worte.

Bobby konnte mit dem Argument punkten, dass ein
Kennedy sich besser schlagen würde als jeder andere Politi-
ker in den USA, aber gewonnen war die Schlacht um die
Nominierung beim Parteikongress der Demokraten in
Chicago noch lange nicht, denn auch die Chancen von
McCarthy und Humphrey waren intakt – alle drei hatten
Vorwahlen in verschiedenen Bundesstaaten für sich ent-
scheiden können.

Sein letzter Flug führte Robert Kennedy von San Diego
in die Filmmetropole Los Angeles, die ihm zum Schicksal
werden sollte. Der Senator stand unter enormem Erfolgs-
druck, weil klar war, dass seine Aussichten – würde er in

*Die Schlacht um
die Nominierung
ist noch nicht
geschlagen*

19

Kalifornien verlieren – gleich null stünden. Die Vorwahlen in Kalifornien waren die wichtigste Etappe im Rennen um die demokratische Nominierung. Robert Kennedy war, wie sich der ihn begleitende Journalist Jack Newfield später erinnern sollte, »ernst und in sich zurückgezogen, als er am Fenster seines 727-Privatjets saß. Sonst war er auf solchen Reisen immer guter Dinge und zu Späßen aufgelegt. An diesem Montag wirkte er ausgebrannt, seinen Reden fehlte die Zugkraft. Mitten in seiner letzten Rede in San Diego hatte ihn Übelkeit befallen.«

Anhänger und Mitarbeiter erwarten »Bob« Kennedy

Das Ambassador Hotel ist an diesem Dienstagabend, dem 4. Juni 1968, der absolute Mittelpunkt der Stadt. »Bob« Kennedy wird über den Santa Monica Highway zum Wilshire Boulevard chauffiert, wo ihn Anhänger und Mitarbeiter erwarten, um das Ergebnis der Vorwahlen in Kalifornien und South Dakota zu erfahren und – sollte alles gut gehen– zu feiern. Im selben Hotel finden an diesem Abend zwei republikanische Wahlpartys statt.

Als Bobby um 19.15 Uhr im Ambassador eintrifft, sieht es für ihn gar nicht gut aus. Die ersten Auszählungen reihen McCarthy in Kalifornien und Humphrey in South Dakota vor Kennedy. Erst gegen 22.30 Uhr dreht sich der Trend und Bob ist in beiden Bundesstaaten knapp, aber doch die Nummer eins. Als die Nachricht durchdringt, sitzt Kennedy mit seinen Beratern in seiner Suite im siebenten Stock des Ambassador und arbeitet an seiner Dankesrede, die er noch in dieser Nacht im großen Ballsaal des Hotels vor seinen Fans halten wird. Von einem Augenblick zum anderen erhellen sich Kennedys Gesichtszüge und der eben noch deprimiert wirkende Kandidat erscheint wieder so, wie ihn die Menschen lieben, mit seinem bubenhaften Charme und klugen Witz.

Senator McCarthy ist aus dem Rennen, nur Vizepräsident Humphrey hat noch theoretische Chancen, doch die wesentlich größere Wahrscheinlichkeit, innerhalb der Demokraten zu gewinnen, liegt beim charismatischen Robert Kennedy, den viele als Hoffnungsträger für eine neue, humanere Gesellschaft sehen. Vor allem traut man ihm auch zu, bei den Präsidentenwahlen den Republikaner Richard Nixon zu besiegen, der sich schon einmal gegen Bobbys Bruder, John F. Kennedy, geschlagen geben musste.

Kennedy ist der Hoffnungsträger einer neuen, humanen Gesellschaft

Robert zündet sich noch schnell eine Zigarre an und verkündet: »Jetzt werde ich Hubert Humphrey durch ganz Amerika jagen.« Der stürmische Applaus seiner Getreuen ist ihm sicher.

Gegen 23.00 Uhr geht es in Begleitung von Freunden und Mitarbeitern hinunter in den Ballsaal, in dem ihn seine Anhänger bereits erwarten. Mehr als zweitausend Wahlhelfer und Sympathisanten stehen da und jubeln ihm zu. Kennedy besteigt das Podium und stellt seine Frau und sechs seiner zehn Kinder vor, die mitgekommen sind.

Der letzte Auftritt im Ballsaal des Ambassador Hotels

»Ich möchte Ihnen allen danken«, beginnt er die letzte Rede seines Lebens. »Allen, die hier sind. Ganz besonders auch meinem Hund Freckles, der in dieser Wahlkampagne oft vernachlässigt wurde, und meiner Frau Ethel – ohne mit der Reihenfolge eine Wertung vornehmen zu wollen.«

Riesengelächter nach der Pointe. Dann wird Robert Kennedy ernst. »Meine Freunde, wir können es schaffen,

Hier hielt Robert Kennedy die letzte Rede seines Lebens: das Ambassador Hotel in Los Angeles

die Kluft, die durch die Vereinigten Staaten geht, zu schließen. Die Kluft zwischen Schwarz und Weiß, zwischen Arm und Reich, zwischen den Generationen, und über den Krieg in Vietnam. Wir sind ein großartiges Land, ein mitfühlendes Land.«

Immer wieder von rasendem Applaus und »Wir wollen Bobby«-Sprechchören unterbrochen, setzt Kennedy fort: »In welche Richtung wollen wir gehen in den USA? Was tun für die, die noch immer Hunger leiden? Wollen wir die Politik fortsetzen, mit der wir in Vietnam so erfolglos waren? Ich meine, wir müssen die Richtung ändern. Mein Dank gilt euch allen – und jetzt weiter nach Chicago, und lasst uns auch dort siegen!«

Robert Kennedy steigt vom Podium und wird von seinen engsten Begleitern, inmitten eines riesigen, unübersehbaren Menschenknäuels, in Richtung Presseraum geführt, wo er mehrere Interviews geben soll. Er schüttelt Hunderte Hände, wird von einem Blitzlichtgewitter der Fotografen überfallen. Es herrscht Chaos und unvorstellbares Gedränge, die Lage gerät außer Kontrolle. Seine Mitarbeiter schieben Bob in einen schmalen Küchengang, durch den man in den Presseraum gelangt. Auf Metalltischen stehen leere Teller und Gläser. Rund neunzig Personen, die meisten von ihnen Hotelangestellte, die Bobby die Hand schütteln wollen, befinden sich in dem 25 Quadratmeter kleinen Raum. Einer von ihnen ist Kennedys Mörder.

Es herrscht Chaos, die Lage gerät außer Kontrolle

Noch gab es in den USA die gesetzliche Verpflichtung, nur amtierende Präsidenten durch Sicherheitsbeamte schützen zu lassen, nicht jedoch Präsidentschaftskandidaten. Dies wurde erst nach dem Attentat auf Robert Kennedy von Lyndon B. Johnson geändert. Kennedy selbst war es, der jede Form der Bewachung ablehnte – mit Ausnahme des pensionierten FBI-Agenten William Berry, der ihn überallhin begleitete. »Wir waren nicht da, denn wir waren nicht erwünscht«, sagte ein Polizeioffizier nach dem Mordanschlag. »Senator Kennedy erklärte wiederholt, er könne uns nicht brauchen.«

Zum Zeitpunkt der Tat waren 18 Sicherheitsagenten des Hotels im Ambassador, aber Kennedy ließ sie nicht an sich herankommen. »Er wollte ohne Security auftreten«, schreibt Viktor Lasky in seiner Robert-Kennedy-Biografie, »weil er fürchtete, seine persönlichen Kontakte könnten darunter leiden – vor allem der Kontakt zu den jungen

Kennedy will ohne Security auftreten

Leuten, die er in seiner Kampagne besonders ansprechen wollte.« Es gehörte zum Rezept des Kennedy-Teams, »die Fernsehkameras mitten in die jubelnde Menge hineinzurichten, wenn die Leute Bobby mit den Fingern ins Haar fuhren, ihn umarmten und an seinem Anzug zerrten. Sonst konnte er diese Dinge nicht ausstehen, aber es gehörte eben zur Kampagne.«

Die Gefährdung Robert Kennedys ist bekannt

Kennedy war sich der Gefahr bewusst. »Ich spiele russisches Roulette, jeden Morgen, wenn ich aufstehe«, sagte er. »Aber ich zerbreche mir darüber nicht den Kopf. Was kann ich schon dagegen tun?«

Auch seine Umgebung wusste von den Risiken. Während sich seine Frau Ethel für die Kandidatur ausgesprochen hatte, warnten ihn sein Bruder Edward und seine Schwägerin Jacqueline Kennedy, dass ihn dasselbe Schicksal ereilen könnte wie John: »Es gibt so viel Hass in diesem Land, und Bobby hassen sie noch mehr als Jack.« Auch unter seinen Fans ging hinter vorgehaltener Hand die Angst um: »Wenn er gewinnt, bringen sie ihn um«, die Ermordung Bobbys wäre für einen psychisch kranken Attentäter nach den Schüssen von Dallas eine »logische« Konsequenz.

Sirhan Bishara Sirhan (*1944), Gelegenheitsarbeiter, schießt in der Nacht zum 5. Juni 1968 auf Robert Kennedy

Der in Jerusalem gebürtige Palästinenser Sirhan Bishara Sirhan lebte seit zehn Jahren mit seiner Mutter, zwei Brüdern und einer Schwester in Pasadena, einem Vorort von Los Angeles. Die koptisch-christliche Familie hatte ihre Heimat verlassen, weil ihr Haus während des israelisch-arabischen Krieges zerstört worden war. Sirhan Bishara Sirhan ist zum Zeitpunkt des Attentats 24 Jahre alt und kommt in den USA mehr schlecht als recht mit Gelegenheitsjobs über die Runden. Er besitzt einen Revolver vom Typ Iver-Johnson, Kaliber 22, für den er sich eben erst in einem Waffengeschäft Munition besorgt hat. Robert Kennedy hat sich wenige Wochen vor dem Attentat öffentlich auf die Seite Israels gestellt, und Sirhan wird später angeben, in einem Fernsehbericht gesehen zu haben, wie der Senator mit einer Kippa am Kopf vor einer Synagoge stand.

Der Palästinenser verbringt fast den ganzen Tag im Schießclub St. Gabriel Valley in Duarte/Kalifornien, in dem er innerhalb von sechs Stunden an die 400 Patronen abfeuert. Gegen Abend fährt er mit seinem Auto ins Ambassador Hotel, an dessen Bar er vier Tom Collins zu sich nimmt.

400 Patronen im Schießclub abgefeuert, ehe er ins Hotel Ambassador fährt

Durch die große Menschenmenge neugierig geworden, nähert sich der Palästinenser dem Küchengang des Hotels, wo er bemerkt, dass sich alles um Bob Kennedy, eines seiner Feindbilder, dreht. Er überlegt nicht lange und nimmt seinen Revolver aus der Hosentasche, ruft »Kennedy, du verdammter Hurensohn« und schießt sein ganzes Magazin leer.

Es ist 0.14 Uhr morgens, am 5. Juni 1968. Drei der acht Schüsse haben den Senator getroffen, eine im Kopf, die beiden anderen im Rücken. Robert Kennedy hebt instinktiv seine Hände, um sein Gesicht zu schützen, er taumelt und stürzt mit dem Kopf voran auf den Betonboden. Die Anwesenden ducken sich, streben auseinander, man hört Kreischen und Schreien und mittendrin den Satz: »Mein Gott, nicht schon wieder!«

Jedem Amerikaner sind die Bilder der Ermordung John F. Kennedys am 22. November 1963 in Dallas/Texas noch präsent, nun haben die Gäste einer Wahlparty im Ambassador Hotel in Los Angeles ein schreckliches Déjà-vu-Erlebnis.

Ethel Kennedy eilt zu ihrem schwer verletzten Mann

Ethel Kennedy wollte längst schon zu ihrem Mann in den Küchenraum, sie schafft es aber erst, nachdem die ersten Schüsse gefallen sind. In ihrer Begleitung ist ihr Personenschützer Roosevelt Grier, ein Sänger und Schauspieler, der sich als Security etwas dazuverdient. Dem Zwei-Meter-Mann gelingt es schon nach dem zweiten Schuss, Sirhan Bishara Sirhan auf einem Metalltisch niederzudrücken. Der schmächtige Attentäter bringt es dennoch fertig, aus dieser Position sechs weitere Schüsse abzugeben. So werden neben Kennedy fünf Personen von Sirhans Kugeln getroffen: Elizabeth Evans, Paul Schrade und Irwin Stroll, drei Gefolgsleute Kennedys, der *ABC*-Manager William Wiesel und der *Continental News Service*-Reporter Ira Goldstein. Sie alle werden vollkommen genesen.

Noch ist Robert Kennedy bei Bewusstsein

Doch um Kennedy steht es schlimm. Während es Roosevelt Grier endlich gelingt, dem wie wild um sich schießenden Sirhan den Revolver zu entreißen, bindet ein Augenzeuge sein Sakko zusammen und bettet Kennedys Kopf darauf. Ethel kämpft sich zu ihrem Mann vor, kniet sich neben ihn hin und erkennt sofort, wie ernst die Verletzungen sind, insbesondere die Wunde am Kopf, aus der Blut strömt, das eine große Lache am Fußboden bildet. Robert Kennedy ist zu diesem Zeitpunkt noch bei Bewusstsein. Augenzeugen hören ihn mit brüchiger Stimme sagen: »Sind alle anderen okay?« Und seiner Frau flüstert er zu: »Oh Ethel, Ethel!« Sie nimmt seinen schwer verwundeten Kopf in ihre Hände, sagt »Oh, my God«, versucht ihn dann aber gleich wieder zu beruhigen: »Alles wird gut, Bobby!«

Zwei anwesende Ärzte leisten Erste Hilfe, dreizehn Minuten nach den Schüssen trifft ein Rotkreuzwagen ein. Die Sanitäter heben Robert Kennedy auf eine Bahre. Er sagt noch: »Nein, bitte nicht ...« und verliert das Bewusstsein, das er nie wieder erlangen sollte.

Die Rettungsmänner schaffen es kaum, den Schwerverletzten durch die Menschenmenge in ihren Wagen, der vor dem Ambassador steht, zu bringen. Einer von ihnen erklärt später: »Die Leute versuchten ihn zu küssen, seine Kleider zu berühren. Wir mussten sie alle wegdrängen.«

Kennedy wird zunächst in das Central Receiving Hospital geführt, wo man sich für nicht zuständig erklärt und ihn in das benachbarte Good Samaritan Hospital weiterreicht. Unter den Tausenden Zeitungsartikeln, die in den nächsten Tagen, Wochen und Monaten über die neuerliche Tragödie in Amerikas »First Family« berichten, finden sich auch solche, die die berechtigte Frage stellen, warum man Kennedy nicht gleich ins richtige Krankenhaus gebracht hat. Während der Verweildauer im Central Receiving Hospital wird dem Patienten von einem Priester die Letzte Ölung verabreicht. Im Good Samaritan Hospital erfolgt dann eine vierstündige Operation, die ihn nicht retten kann. Das tödliche Projektil ist hinter sein rechtes Ohr gedrungen und im Schädel stecken geblieben. Robert Francis Kennedy wird 26 Stunden nach der Tat, am 6. Juni 1968 um 1.44 Uhr nachts für tot erklärt.

Robert Francis Kennedy wird am 6. Juni 1968 um 1.44 Uhr für tot erklärt

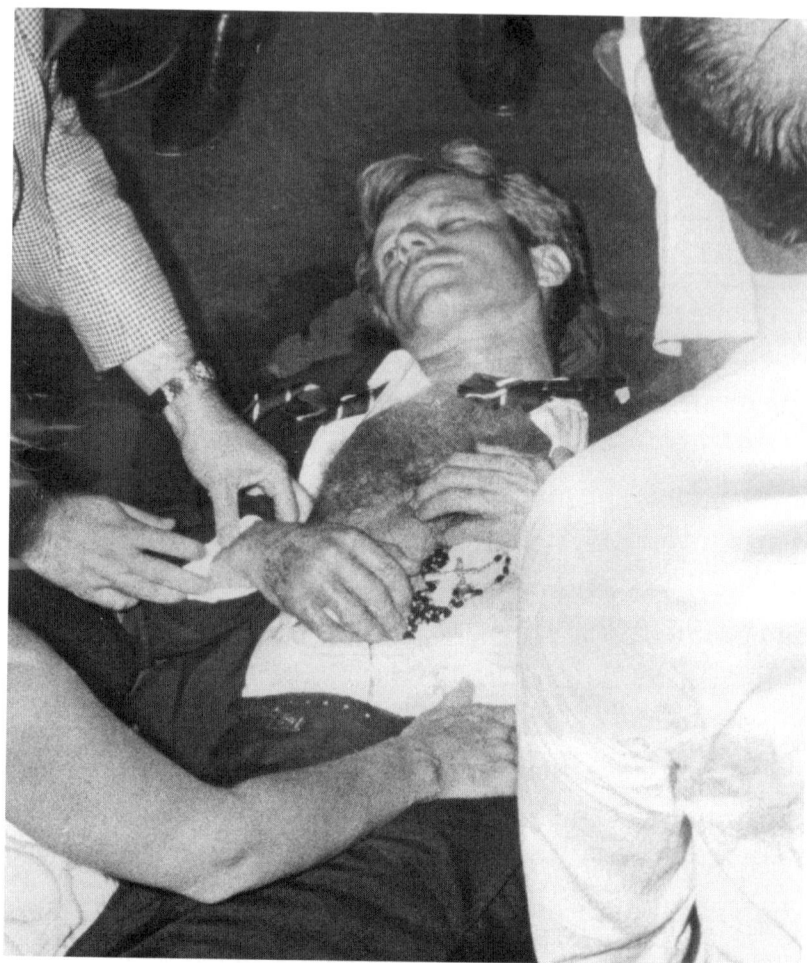

»Alles wird gut, Bobby!« versuchte Ethel in der Küche des Hotels Ambassador ihren Mann Robert Kennedy zu beruhigen, doch die Verletzungen waren zu schwer. Er starb 26 Stunden nach dem Attentat im Spital.

Sirhan Bishara Sirhan wird noch am Tatort verhaftet. Roosevelt Grier schafft es, ihn von der Menge fernzuhalten, die so aufgebracht ist, dass sie ihn möglicherweise lynchen würde, manche schreien auch »Bringt ihn um!«, aber einer der Parteifreunde ruft, darauf anspielend, dass John F. Kennedys mutmaßlicher Mörder Lee Harvey Oswald zwei Tage nach dem Anschlag von dem Barbesitzer Jack Ruby erschossen wurde: »Wir wollen kein zweites Dallas!«

Die Polizei entdeckt in Sirhans Wohnung Zettel und Tagebücher, in denen sich Sätze finden wie »Robert Kennedy muss vernichtet werden wie sein Bruder«, die teils in englischer, teils in arabischer Schrift gehalten sind.

Der Mordprozess gegen den Palästinenser beginnt am 7. Jänner 1969 und dauert fünfzehn Wochen. Die Beweislage ist erdrückend, es gibt 89 Zeugen, die ihn als Täter identifizieren, und Sirhan ist geständig. Später widerruft er sein Geständnis und behauptet, sich an nichts erinnern zu können, ehe er den Widerruf widerruft und sich neuerlich zu der Tat bekennt. Sirhan wird am 17. April 1969 von einem Schöffengericht des vorsätzlichen Mordes für schuldig befunden und zum Tod in der Gaskammer von San Quentin verurteilt.

Sirhan wird zunächst zum Tod verurteilt

Nach dem Urteil schickte Senator Edward Kennedy einen Brief an den Staatsanwalt mit der Bitte, die Todesstrafe nicht zu verhängen. Seine Begründung lautete: »Mein Bruder war ein Mensch mit der Fähigkeit zu Liebe und Mitgefühl. Er würde nicht wollen, dass für seinen Tod noch ein Leben genommen wird.«

Nicht als Folge dieses Briefes, sondern wegen einer Gesetzesänderung in den Vereinigten Staaten wurde das Todesurteil in lebenslange Haft umgewandelt. Sirhan Bishara Sirhan sitzt heute im Staatsgefängnis von Coalinga/Kalifornien. Im Februar 2016 wurde sein fünfzehntes Begnadigungsgesuch abgelehnt. Vor allem durch Sirhans mehrmaliges Zurücknehmen seines Schuldbekenntnisses entwickelten sich – wie dies auch nach den Schüssen von Dallas der Fall war – Verschwörungstheorien, in denen von einem zweiten Täter die Rede ist.

Anlass für Verschwörungstheorien

Mit der Ermordung Robert Kennedys beginnt der Niedergang des Ambassador Hotels. Nicht einmal die Übernahme des Coconut Grove-Nachtklubs durch Sammy Davis junior Mitte der 1970er-Jahre kann den Verfall stoppen. Als sich in der Umgebung kriminelle Banden niederlassen, bleiben immer mehr Gäste aus, bis das Hotel 1989 für immer geschlossen wird.

Zunächst wollte der Bautycoon und spätere US-Präsident Donald Trump das ehemalige Luxushotel abreißen und auf dem Gelände ein 125-stöckiges Bürogebäude errichten, er erhielt dafür jedoch keine Baugenehmigung. Das historische Gebäude wurde daraufhin als Studio adaptiert, in dem renommierte Filme wie *Forrest Gump, Apollo 13* oder *Catch Me If You Can* gedreht wurden. 2006 entstand im ehemaligen Ambassador der Film, für den das Hotel als Drehort prädestiniert war: *Bobby – Der letzte Tag von Robert F. Kennedy*, in dem mit Anthony Hopkins, Harry Belafonte, Helen Hunt und Sharon Stone einer der aufsehenerregendsten Kriminalfälle der USA am Originalschauplatz verfilmt wurde.

Heute befindet sich am Tatort des zweiten Kennedy-Mordes die *Robert F. Kennedy Community School*. Die Hauptfassade der Schule wurde der des einstigen Ambassador Hotels nachvollzogen.

Robert F. Kennedy fand wie sein Bruder John seine letzte Ruhe auf dem Arlington Nationalfriedhof in Washington. Seine Frau Ethel brachte sechs Monate nach Roberts Tod ihr elftes Kind, Rory Elizabeth Kennedy, zur Welt.

Erotisches Erdbeben gesucht
Die Dietrich wird im Berliner Adlon entdeckt

Im Herbst 1929 betritt der trinkfreudige Schauspieler Emil Jannings das noble Hotel Adlon in Berlin. Er ist eben aus Hollywood zurückgekehrt, wo man ihm den ersten Oscar als bestem Hauptdarsteller in der Geschichte der *Academy Awards* verliehen hat. Doch Jannings zeigt sich missmutig, als er mit Riesenschritten durchs Adlon stapft, benimmt sich dem Personal gegenüber mürrisch und lässt in der Bar selbst an dem sonst so geliebten Pilsner Bier kein gutes Haar. Louis Adlon wird verständigt und nähert sich dem Jannings-Tisch. Nach kurzem Smalltalk erkundigt sich der Hotelchef nach dem Planungsstand des neuen Jannings-Films, über dessen Vorbereitungen man bereits in den Zeitungen lesen konnte. Er soll *Der blaue Engel* heißen und nach dem Stück *Professor Unrat* von Heinrich Mann gedreht werden.

Emil Jannings (1884–1950), deutscher Schauspieler und Oscar-Preisträger

»Verteufelte Sache!«, flucht Jannings und gibt den Grund seiner schlechten Stimmung preis. »Es ist mein erster Tonfilm, und ich bin ganz verzweifelt. Ich bin längst soweit, dass wir mit dem Drehen anfangen könnten, aber immer noch fehlt die Hauptsache.«

31

Die passende
Frau fehlt noch

»Die Hauptsache?«, fragt Louis Adlon.

»Ja, die Hauptsache – die passende Frau. Zwanzig haben wir in den letzten Wochen angeschaut, aber keine war darunter. Da muss eine her, die mich abgebrühten Burschen aus der Ruhe bringt. Ein erotisches Erdbeben muss es sein!« Diese Frau sollte es mit betörender Sinnlichkeit schaffen, dass er als stocksteifer Gymnasialprofessor sich in sie verliebt und an ihr zugrunde geht.

Louis Adlon und seine Frau Hedda hatten die noch unbekannte Schauspielerin Marie Magdalena von Losch, die sich Marlene Dietrich nannte, auf der Bühne gesehen: vor ein paar Tagen erst an der Seite von Hans Albers im Berliner Theater in dem Musikstück *Zwei Krawatten* und davor durch Zufall – weil ein Gast in letzter Minute zwei Karten zurückgegeben hatte – im Staatlichen Schauspielhaus am Gendarmenmarkt in der Komödie *Duell am Lido*, in der die kühle Schönheit in der Rolle der koketten Lu nicht viel zu sagen, aber umso mehr zu zeigen hatte. »Sie war mondän und dekadent«, schreibt Hedda Adlon in ihren Lebenserinnerungen, »ein Mädchen vom Typ Vamp. Sie trug ein Monokel, rauchte Zigaretten, war sehr verführerisch und gefährlich. Was sie spielte, musste sie mit der Mimik ihres Gesichtes, den Gesten ihrer schönen, ausdrucksvollen Hände und den Bewegungen ihrer ebenso ausdrucksvollen Beine sagen.«

Als Louis Adlon nun dem übel gelaunten Emil Jannings in seiner Hotelbar gegenübersteht, rät er ihm, sich die noch laufende Revue *Zwei Krawatten* anzusehen, um sich ein Bild von dieser jungen Schauspielerin zu machen. Jannings besucht eine Vorstellung und kauft sich noch in der

Marlene Dietrich
(1901–1992),
deutsche Schau-
spielerin, machte
Karriere als
Hollywood- und
Stilikone

Pause eine neue Karte für den nächsten Tag. Nach seinem zweiten Besuch fordert er Regisseur Josef von Sternberg und den Produzenten Erich Pommer auf, ihn ins Berliner Theater zu begleiten.

»Wenn ich sie sprechen höre, zittern meine Nerven«, sagt Jannings zu den beiden alles entscheidenden Männern hinter der Kamera. »Sie hat ein unbeschreibliches Timbre in der Stimme – rau, aber dabei zärtlich.«

Mit Sternberg und Pommer sieht sich Jannings die *Zwei Krawatten* zum dritten Mal an – und an diesem Abend fällt die Entscheidung für die Hauptdarstellerin im Jahrhundertfilm *Der blaue Engel*. Emil Jannings hat in der 28-jährigen Marlene Dietrich seine Partnerin gefunden.

Das Adlon war, als Jannings dort auf Marlene Dietrich aufmerksam gemacht wurde, etwas mehr als zwanzig Jahre alt.

Emil Jannings wurde im Berliner Hotel Adlon auf Marlene Dietrichs Talent aufmerksam gemacht.

33

Kaiser Wilhelm II. hatte das Hotel am 23. Oktober 1907 persönlich eröffnet, und seiner Protektion war es auch zu danken, dass das Nobeldomizil neben dem Brandenburger Tor überhaupt entstehen konnte, denn an der Adresse Unter den Linden 77 am Pariser Platz hatte sich davor das Palais Redern befunden, dessen Abbruch der Monarch genehmigte, obwohl es unter Denkmalschutz stand.

Lorenz Adlon (1849–1921), deutscher Gastronom, Gründer des Berliner Adlon Hotels

Hotelgründer Lorenz Adlon hatte sein Berufsleben als Tischler in Mainz begonnen und danach mehrere Kaffeehäuser, unter anderem im Zoologischen Garten, aufgebaut. Für den 350-Zimmer-Palast, dem er seinen Namen gab, hatte sich der Kaufmann mit zwanzig Millionen Goldmark* verschuldet. Das riskante Abenteuer hätte für Lorenz Adlon ganz anders ausgehen können, aber er war ein vollendeter Gastgeber und genialer Geschäftsmann. Die Ballsäle, Restaurants und Salons des Adlon waren prunkvoll, die Zimmer gleich venezianischen Palazzi mit erlesenen Kunstgegenständen ausgestattet und jedes einzelne verfügte – eine Attraktion in der damaligen Zeit – über Elektrizität und Bäder mit fließendem Warmwasser. Selbst der Kaiser war entzückt, denn solchen Luxus kannte er nicht einmal in seiner eigenen Residenz, dem Neuen Palais, in dem die Gäste winters frieren mussten.

Kaiser Wilhelm und die schöne Tänzerin

Die Atmosphäre, die nach dem Vorbild amerikanischer Luxushotels geschaffen wurde, war aber nur ein Grund, warum Wilhelm II. immer wieder im Adlon auftauchte. Der andere waren des Kaisers Affären, am bekanntesten wohl die mit der Tänzerin Caroline »La Bella« Otéro, die

---

* Entspricht im Jahr 2016 einem Betrag von rund 100 Millionen Euro.

als Mätresse einem halben Dutzend gekrönter Häupter zuleibe rückte. Wann immer die rassige Spanierin nach Berlin kam, stieg sie mit 38 Koffern im Adlon ab und führte einen Papagei, zwei Möpse und ein Perlhuhn mit sich. Wilhelm pflegte sie im Goethe-Garten des Hotels zu erwarten, ehe man sich in die vornehmen Kemenaten zum Tête-à-tête zurückzog.

Damals wie heute Treffpunkt der Berliner Gesellschaft: die Bar des Adlon

Lorenz Adlon hatte es in seinem Hotel an nichts fehlen lassen, das von Anfang an für die Hautevolee bestimmt war. Und sie kam auch: Thomas Alva Edison, Henry Ford und John D. Rockefeller, Albert Einstein, Thomas Mann – der hier seinen Nobelpreis feierte –, Gerhart Hauptmann, Josephine Baker und Greta Garbo. Startenor Enrico Caruso misstraute der exquisiten Adlon-Küche und brachte

35

einen eigenen Koch mit und Charlie Chaplin verlor im Adlon die Hosen, weil ihm seine Verehrer – um irgendein Souvenir vom »Tramp« zu ergattern – vor dem Hotel die Knöpfe abrissen.

Ein vereiteltes Attentat auf den Zaren

Im Mai 1913 nahm der russische Zar Nikolaus II. im Adlon Quartier – und wurde beinahe zum Opfer eines Attentats. Tatsächlich befand sich bei seiner Ankunft eine Bombe im Hotel, die die Berliner Polizei jedoch rechtzeitig entschärfen konnte. Später stellte sich heraus, dass der Anschlag von russischen Anarchisten geplant war und mit dem stellvertretenden Adlon-Direktor Jansen als Verbindungsmann durchgeführt werden sollte. Dieser hatte sich wegen hoher Spielschulden zu seiner Mitwirkung an dem Mordversuch hinreißen lassen. Der Direktor entging seiner Verhaftung, indem er sich in seinem Büro im Adlon eine Kugel in den Kopf schoss. Der Zar überlebte den Besuch im Adlon unbeschadet. Und sollte fünf Jahre später mit seiner Familie in Jekaterinburg hingerichtet werden.

Nach dem Tod des Hotelgründers Lorenz Adlon im Jahr 1921 trat sein Sohn Louis das Erbe an. In jenen Tagen, die als »Wilde Zwanzigerjahre« Geschichte schrieben und in denen das Adlon Schauplatz großer Bälle, rauschender Feste und internationaler Skandale war und den Mittelpunkt des gesellschaftlichen Lebens von Berlin bildete.

Die Dietrich in der Hotelbar

Auch Marlene Dietrich, die mit ihrer Mutter nur wenige Schritte vom Adlon entfernt wohnte, wurde in dieser Zeit immer wieder in der Hotelbar gesichtet, mal mit, mal ohne Herrenbegleitung. Laut Hedda Adlons Erinnerungen war

Ihr Hotel war der gesellschaftliche Mittelpunkt von Berlin: Vater Lorenz und Sohn Louis Adlon (re.)

sie »sehr energisch, sehr zielbewusst, wusste genau, was sie wollte. Und sie wusste auch, was sie essen wollte und durfte. Stets äußerte sie spezielle Diätwünsche, und so schwierig die Wünsche auch oft zu erfüllen waren – Marlene Dietrich erhielt immer, was sie bestellte. Ihrer Figur zuliebe aß sie nur fettlos-naturell, und nur Gegrilltes kam auf ihren Teller.«

Das im Adlon initiierte Zusammenspiel von Jannings als Professor Immanuel Rath und der Dietrich als kesse Vorstadtsoubrette Lola im *Blauen Engel* wird zum Ereignis und Dietrichs Song »Ich bin von Kopf bis Fuß auf Liebe eingestellt« zu jenem »erotischen Erdbeben«, das der Hauptdarsteller sich erträumt hatte. Aus Dankbarkeit, dass die Film-

»Von Kopf bis Fuß auf Liebe eingestellt«

37

crew im Adlon auf die Talente der Dietrich aufmerksam gemacht wurde, baute Josef von Sternberg eine in diesem Hotel angesiedelte, zentrale Szene in die Filmhandlung ein:

LOLA *(streckt zur Entspannung die Arme in die Luft)*: Na, Professorchen, bist du auch so erledigt wie ich? Was hältste denn von ner schönen Tasse Kaffee im Hotel Adlon?

PROFESSOR RATH *(müde gähnend)*: Ich gestehe ganz offen, dass ich einer kleinen Erfrischung nicht abgeneigt wäre, Fräulein. Aber unter uns, meinst du denn, die Herrschaften dort werden unsere Anwesenheit billigen? Ich meine, ich bin momentan nicht gerade in meinem Sonntagsstaat, und dein Aufzug ... *(zeigt auf ihre einfachen Kleider, die den Eindruck machen, als wäre sie gerade aus dem Bett gestiegen)* ... bitte verzeih meine Offenheit ... ist einem ehrenwerten Etablissement wie dem Hotel Adlon auch nicht gerade angemessen, wenn ich mal so sagen darf ...

Die kesse Lola und ihr Professor im Adlon

Das ungleiche Paar geht dennoch ins Adlon, Professor Rath betritt das Hotel über den roten Teppich und lässt die bombastische Architektur auf sich wirken. In der edel eingerichteten Lobby muss er sich zunächst orientieren, sie nehmen in der Bar Platz, wo Lola aufreizend an einem bunten Cocktail nippt. Sie springt vom Stuhl und stimmt das Lied »Ja, das haben die Mädchen so gerne« an, während sie den Professor lasziv umschmeichelt. Er kann seine Augen kaum von ihr losreißen und sein Blick ist von seliger Schwärmerei getrübt. Als ihr Lied zu Ende ist, muss er sich erst einmal besinnen, bevor er das Wort erneut an sie richten kann ...

»Ein erotisches Erdbeben«, aufgespürt im Hotel Adlon: Marlene Dietrich als Lola in dem Film Der blaue Engel

In der Zeit des Nationalsozialismus verlor das neben dem Brandenburger Tor gelegene Adlon an Bedeutung, vor allem, weil die amerikanischen und die anderen internationalen Gäste ausblieben. Während Hitler das Adlon wegen der einst dort verkehrenden »Ausländer« mied, ließ sich Propagandaminister Goebbels gerne in den Salons mit Stars und Starlets fotografieren.

Dass das Hotel in den letzten Kriegstagen aus ungeklärter Ursache bis auf die Grundmauern abbrannte, sollte Louis Adlon nicht mehr erleben. Er wurde von der Roten Armee festgenommen und starb nach seiner Freilassung auf dem Nachhauseweg im Alter von siebzig Jahren.

In Zeiten der DDR befand sich das Adlon-Grundstück im Mauer-Sperrgebiet, 1984 trug man die letzten Reste der

1997 wird das Adlon feierlich wiedereröffnet

Ruine ab. Nach dem Fall der Mauer wurde das Hotel in Anlehnung an die Architektur des Originalgebäudes neu aufgebaut und am 23. August 1997 als Adlon Kempinski wiedereröffnet. Es zählt heute wie zu Kaisers Zeiten zu Berlins ersten Adressen. Zuletzt in die Schlagzeilen gelangte es, als Michael Jackson am 19. November 2002 seinen neun Monate alten Sohn Prince Michael II. aus dem Fenster im fünften Stock baumeln ließ, wobei den Fans vor dem Hotel der Atem stockte, weil dem Superstar das Kind beinahe entglitten wäre.

Da halte ich mich lieber an die kesse Lola, die den alten Professor Rath verführte und damit Filmgeschichte schrieb: »Was hältste denn von ner schönen Tasse Kaffee im Hotel Adlon?«

40

Die falsche Spur ins Grand Hotel
Mary Vetseras verbotene Treffen mit dem Kronprinzen

Sie trafen einander zum ersten Mal im Frühjahr 1888 beim Pferderennen in der Wiener Freudenau. Von da an war die siebzehnjährige Baronesse Mary Vetsera dem dreißigjährigen Kronprinzen Rudolf verfallen. Sie wollte ihn unbedingt wiedersehen und näher kennenlernen. Behilflich war ihr dabei Marie Louise Gräfin Larisch - eine Nichte der Kaiserin Elisabeth, deren Wiener Wohnsitz im Grand Hotel am Kärntner Ring lag.

Die Gräfin lebte mit ihrem Ehemann Georg Larisch in Pardubitz in Böhmen, doch waren für sie, wann immer sie in Wien weilte, die Zimmer 21, 23 und 28 des Grand Hotels reserviert. Diese Räumlichkeiten sollten in der Tragödie von Mayerling eine bestimmende Rolle spielen.

Als der Sommer vorbei war, hielt es Mary Vetsera nicht mehr aus, also schickte sie dem mit der belgischen Prinzessin Stephanie verheirateten Sohn des Kaisers in den ersten Septembertagen des Jahres 1888 einen schwärmerischen Brief, mit dem verwegenen Vorschlag, ihn persönlich treffen zu wollen. Der Kronprinz, für außertourliche Liebschaften immer zu haben, antwortete, dass auch er »das

Baronesse Mary Vetsera (1871–1889) ging mit Kronprinz Rudolf in den Tod

41

lebhafte Verlangen in sich trage«, mit ihr zu sprechen. Rudolf, der den Zusammenbruch Österreich-Ungarns infolge der starren politischen Haltung seines Vaters auf die Monarchie zukommen sah, der darüber hinaus an seiner unglücklichen Ehe, einer Geschlechtskrankheit und an Depressionen litt, hegte zu diesem Zeitpunkt den Gedanken, seinem Leben ein Ende zu setzen. Und er suchte seit längerem schon eine Partnerin für dieses Vorhaben. Die naive Baronesse Vetsera schien ihm das geeignete Opfer zu sein.

Glücklich über die Reaktion des Kronprinzen, bat Mary nun die mit ihrer Mutter befreundete Gräfin Larisch, sie beim geplanten Treffen als »Anstandsdame« zu begleiten. Nur so war es möglich, dass Mary sich von nun an regelmäßig mit dem Kronprinzen treffen konnte. Die Gräfin diente der verbotenen Liebe als über jeden Verdacht erhabener *postillon d'amour*. Marys Besuche bei Marie Larisch im Grand Hotel wurden zum Vorwand, das elterliche Anwesen verlassen zu können.

Das Grand Hotel war in jenen Tagen für Gäste gedacht, die sich mehrmals im Jahr und für längere Zeit in der Residenzstadt aufhielten. Für sie gab es in dem Prachtbau am Kärntner Ring 9 eigene Räumlichkeiten, in denen Gepäck und persönliche Gegenstände nach der Abreise hinterlegt werden konnten. Sobald die Wien-Besucher wiederkamen, wurden die persönlichen Habseligkeiten von ihren Dienern in die reservierten Zimmer gebracht. So ein Stammgast war die Gräfin Larisch, die aus familiären Gründen – und weil es ihr wohl in Pardubitz auf Dauer zu langweilig war – mehrmals im Jahr hier abstieg. Ihre Ehe mit dem Grafen Georg Larisch existierte längst nur noch auf dem Papier, dafür hatte sie zwei uneheliche Kinder, deren Vater pikanterweise Heinrich Baltazzi, der Onkel der Mary Vetsera, war.

Die Fenster der Zimmerflucht Marie Larischs im ersten Stock des Grand Hotels boten einen hervorragenden Blick in die Mahlerstraße, die damals noch Maximilianstraße hieß. Da Mary Vetsera und der Kronprinz - um nur ja nicht aufzufallen - bei den heiklen Treffs immer den Hintereingang benutzten und nie das prunkvolle Entree am Kärntner Ring, konnte Marie Larisch deren Kommen und Gehen genau beobachten.

Marie Gräfin Larisch hatte ein Appartement im Grand Hotel am Kärntner Ring.

Das Grand Hotel war noch vor dem benachbarten Bristol und dem Imperial vom Hotelier Anton Schneider als erstes der drei Luxushotels an der Ringstraße eröffnet worden. Geplant von Karl Tietz, der mehr Häuser als jeder andere Architekt am Wiener Prachtboulevard gebaut hatte. Allein 1870, im Jahr vor der Eröffnung des Grand Hotels, hatte er 36 Ringstraßenbauten fertiggestellt. Die Folgen solchen Raubbaues an seiner Gesundheit blieben nicht aus: Tietz wurde nur wenige Monate danach in die Privatirrenanstalt Döbling eingeliefert, weil er an der fixen Idee litt, die ganze Ringstraße kaufen und aus eigenen Mitteln finanzieren zu müssen. Er starb nach vierjähriger Internierung im Alter von 42 Jahren.

Das mit dreihundert Zimmern ausgestattete Grand Hotel war genau zum richtigen Zeitpunkt fertig geworden. Es öffnete seine Tore fast gleichzeitig mit dem Musikverein und ein Jahr nach der benachbarten Hofoper. Die Hauptattraktion des vierstöckigen Hotelpalasts war aber der dampfbetriebene Aufzug. Über eine solche Annehmlichkeit verfügten damals nur die wenigsten Häuser.

Im Grand Hotel verkehrte die große Welt der Ringstraßenzeit, die Hauskonzerte wurden von Eduard Strauß dirigiert, für dessen Bruder Johann hier aus Anlass seines fünfzigjährigen Bühnenjubiläums ein Galadiner gegeben wurde, zu dem Johannes Brahms und Großfürst Konstantin von Russland, ein Verehrer der Strauß'schen Musik, kamen.

Wann immer Mary das Palais Vetsera in der Salesianergasse verließ, erklärte sie ihrer Mutter, die Gräfin Larisch im Grand Hotel zu besuchen, wodurch der Nobelherberge in der fatalen Lovestory als falsche Spur eine zentrale Rolle zukam. Was natürlich niemand in ihrer Familie ahnen konnte, war, dass Josef Bratfisch, der Leibfiaker des Kronprinzen, mit seiner Kutsche am Hintereingang des Grand Hotels wartete und Mary von hier aus in die Hofburg zu dem von ihr angebeteten Rudolf führte. Das erste Treffen fand am 5. November 1888 statt.

Ihrer in Frankfurt am Main lebenden Vertrauten Hermine Tobis, die einst ihre Klavierlehrerin gewesen ist, schreibt Mary über diese Begegnung: »Heute bekommen Sie einen glückseligen Brief, denn ich war bei ihm. Marie Larisch nahm mich mit ... und dann gingen wir hinter das Grand Hotel, wo uns Bratfisch erwartete. Wir hüllten unsere Gesichter fest in unsere Boas und fort ging's in sausendem Galopp in die Burg. An einer kleinen eisernen Tür erwartete uns ein alter Diener, welcher uns über mehrere

»Dann gingen wir hinter das Grand Hotel, wo uns Bratfisch erwartete«: Auf dem Weg zur ersten Begegnung mit Kronprinz Rudolf, beschrieben von Mary Vetsera

finstere Treppen und Zimmer führte, endlich vor einer Tür halt machte und uns eintreten ließ ... Eine Stimme im Nebenzimmer rief: ›Bitte, meine Damen, weiter zu kommen, ich bin hier!‹ Wir gingen hinein, Marie stellte mich vor, und wir waren gleich in ein wienerisches Gespräch vertieft ... Beim Fortgehen führte er (der Kronprinz, Anm.) uns selbst durch einen dunklen Saal und über eine Treppe und sagte zu Marie: ›Bringe sie mir bald wieder! Ich bitte!‹«

Zwanzigmal vom Grand Hotel in die Hofburg

Auf der Heimfahrt, wieder in Bratfischs Wagen, sagte Mary zur Gräfin Larisch: »Der Kronprinz war so anbetungswürdig, wie ich ihn mir vorgestellt.« Es folgten drei Monate voller Glück, viele heimliche Treffen, immer arrangiert und gedeckt von Marie Larisch. Treffpunkt war jedes Mal deren Appartement oder der Hintereingang des Grand Hotels. Bratfisch erklärte nach der Tragödie von Mayerling, Mary etwa zwanzigmal vom Grand Hotel abgeholt und in die Hofburg gebracht zu haben.

Der 13. Jänner 1889 war wohl ein ganz besonderer Tag, wie Mary am nächsten Morgen an Hermine Tobis schreibt: »Liebe Hermine, ich muss Ihnen heute ein Geständnis machen, über das Sie sehr böse sein werden. Ich war gestern von 7 bis 8 Uhr bei ihm. Wir haben beide den Kopf verloren. Jetzt gehören wir uns mit Leib und Seele an.«

»Ich muss alles tun, was er von mir verlangt«

Nach der Heimkehr ins elterliche Palais sagt Mary an diesem Abend zu ihrer Kammerzofe: »Ach, Agnes, es wäre viel besser gewesen, wenn ich heute nicht ausgegangen wäre.« Dennoch sei sie dem »Schicksal dankbar, denn nun gehöre ich nicht mehr mir selbst, sondern ihm ganz allein. Ab jetzt muss ich alles tun, was er von mir verlangt.«

Es gibt Spekulationen darüber, was sich an jenem omi-
nösen 13. Jänner – zwei Wochen vor der Tragödie von
Mayerling – wirklich ereignete. Mit Sicherheit hatten die
Geschehnisse dieses Tages für Mary und Rudolf weitreichende Folgen. Während einige Biografen meinen, damals
sei es zum ersten intimen Kontakt zwischen Rudolf und
Mary gekommen, glauben andere, an diesem Tag sei der
Entschluss zum gemeinsamen Selbstmord gefasst worden.
Der Grund für Rudolf war seine ihm unerträglich erschei-
nende Situation, und Mary Vetsera stimmte zu, weil sie
den verheirateten Geliebten nicht für sich allein haben
konnte.

Was ereignete sich an jenem 13. Januar 1889?

Mehrere Stunden des 26. und des 27. Jänner hält sich
das Paar in Marie Larischs Appartement im Grand Hotel
auf. Wie »ernst« Rudolf die Affäre mit Mary Vetsera nahm,
erkennt man daran, dass er die nun folgende Nacht bei seiner langjährigen Geliebten Mizzi Caspar in der Wiener
Heumühlgasse verbrachte. Von hier aus lässt er sich am
28. Jänner frühmorgens in sein Jagdschloss Mayerling bei
Wien führen. Die Gräfin Larisch holt Mary Vetsera indes
gegen zehn Uhr einmal mehr vom Palais Vetsera ab. Diesmal nehmen sie nicht den Umweg übers Grand Hotel, sondern fahren direkt in die Hofburg, wo Bratfisch die Baronesse erwartet, um sie nach Mayerling zum Kronprinzen
Rudolf zu bringen.

Mehrere Stunden im Grand Hotel

Am 30. Jänner 1889 hört Rudolfs Diener Johann
Loschek knapp nach sechs Uhr früh aus dem Schlafzim-
mer des Kronprinzen zwei Schüsse, worauf er die versperrte
Tür seines Herrn aufbricht. »Rudolf«, erinnert er sich später, »lag entseelt auf seinem Bett, neben ihm Vetsera und

Treffpunkt Grand Hotel: Ein Fremdenzimmer der Nobelunterkunft an der Wiener Ringstraße

sein Armeerevolver. Beim ersten Anblick konnte man sehen, dass Rudolf zuerst Mary erschossen hat und dann sich.«

Das Grand Hotel war dazu ausersehen, Mary Vetseras Familie durch Vorspiegelung falscher Tatsachen hinters Licht zu führen. Niemand sollte von ihrer geheimen Liebschaft wissen, die den größten Skandal bei Hof in der Geschichte der k. u. k. Monarchie auslösen sollte.

Die oft als »Kupplerin« dieser Beziehung geschmähte Marie Larisch blieb auch nach Mayerling Stammgast im Grand Hotel. Das Gebäude am Kärntner Ring 9 wurde 1911 um die Nachbarhäuser 11 und 13 erweitert. Wie in vielen Nobelhotels wurde der Adel nach dem Untergang der Habsburgermonarchie auch hier von »Neureichen« und Künstlern abgelöst. In den 1920er-Jahren konnte man Schauspieler wie Heinz Rühmann und Emil Jannings und die »Nackttänzerin« Josephine Baker antreffen. In den ersten Jahren der Zweiten Republik wurde das Grand Hotel von den Sowjets besetzt, nach deren Abzug es kurz wieder als Hotel in Betrieb war – wie einst mit prominenter Kundschaft: Als 1958 in Wien der Film *The Journey* gedreht wurde, stiegen dessen Darsteller Deborah Kerr, Yul Brynner und Robert Morley im Grand Hotel ab.

Kaum war der Film fertig, sperrte das Hotel erneut zu, um für Jahrzehnte Büros der Internationalen Atomenergieagentur zu beherbergen. Erst seit 1994 erstrahlt das Grand Hotel in seinem alten Glanz wieder.

Seit 1994 erscheint das Grand Hotel wieder in seinem alten Glanz

Yves Montand trifft Simone Signoret ...
... in der Colombe d'Or in Saint-Paul-de-Vence

Mit Curd
Jürgens in der
Colombe d'Or

Ich hatte noch das Glück, gemeinsam mit Curd Jürgens und seiner Frau Margie die Colombe d'Or zu besuchen. Man servierte Fischsuppe, Crudités, Garnelen mit provenzalischem Gemüse, Seebrasse gegrillt, Apfelkuchen mit Himbeeren und dazu feinsten Roséwein. La Colombe d'Or war vordergründig Jürgens' Lieblingslokal, weil er in dem von Pinien, Palmen und mittelalterlichen Mauern umgebenen Hundertseelendorf Saint-Paul-de-Vence bei Nizza sein feudales Domizil nahe der Côte d'Azur hatte. Doch in Wirklichkeit hätte er dieses weltberühmte Restaurant mit angeschlossenem Hotelbetrieb auch ohne festen Wohnsitz in der Provence geliebt, denn La Colombe d'Or ist ein ganz außergewöhnliches Einkehrhaus, mit dem kein anderes den Vergleich hält.

Curd Jürgens war nur einer von vielen Großen, die einem in der Colombe d'Or über den Weg liefen. Ich selbst sah an den Nachbartischen im Zaubergarten, im Restaurant und auf dem Boule-Spielplatz vor dem Hotel keine Geringeren als Lino Ventura, Roger Moore und Yves Montand. Und sie alle kamen an unseren Tisch, um Curd Jür-

Vom ersten Tag an ein Künstlerlokal: das Hotelrestaurant La Colombe d'Or in Saint-Paul-de-Vence

gens zu begrüßen. Ein Anziehungspunkt der Sonderklasse war das Restaurant viel früher schon für die dort ein und ausgehenden Maler Picasso, Matisse, Chagall, Miró und Fernand Léger, angeblich weil sie Konsumation und Nächtigung mit Bildern begleichen konnten – die heute noch an den Wänden der *Auberge* hängen.

La Colombe d'Or (Die goldene Taube) wurde 1931 eröffnet und war vom ersten Tag an ein Künstlerlokal, weil sein Gründer Paul Roux ein Bewunderer zeitgenössischer Malerei war. Die Maler wiederum zogen Dichter wie Jacques Prévert, Sartre und Simone de Beauvoir an, die Dichter brachten Schauspieler mit – wie Roger Moore, der Tony Curtis in den hoteleigenen Pool warf, und Anouk Aimée, die mit Pierre Barough an- und mit Albert Finney abreiste. Weiters gelandet in der Colombe d'Or: Orson Welles,

51

Charlie Chaplin, David Niven, Brigitte Bardot, Jean-Paul Belmondo, Romy Schneider und Alain Delon. Und der Regisseur Yves Allégret brachte seine Frau Simone Signoret mit. Doch das hätte er besser nicht getan.

Yves Montand (1921–1991), französischer Chansonnier und Schauspieler italienischer Herkunft

Denn die verliebte sich hier Hals über Kopf in einen anderen Yves, den 28-jährigen Yves Montand. Der hielt am 19. August 1949 in seinem Zimmer in der Colombe d'Or sein Mittagsschläfchen, setzte sich danach ans Klavier im Speisesaal und sang ein Chanson des zufällig anwesenden Jacques Prévert. »Während ich sang, schaute ich diese Frau an und spürte, dass ich ihr nicht gleichgültig war«, schreibt Montand in seinen Memoiren. Er kannte den Namen und das Gesicht der gleichaltrigen Schauspielerin von den Titelseiten der Illustrierten, hatte aber noch nie einen Film mit Simone Signoret gesehen.

Yves Montand beendete sein Chanson. »Dann reden alle durcheinander. Ich tausche mit Simone Signoret Banalitäten aus, trete ein in jenes scheinbar ungezwungene Spiel, bei dem die Blicke sich nicht treffen wollen, bei dem jene Verwirrung aufkommt, die von irgendwoher rührt, man weiß nicht von wo. Jene Verwirrung, die sich aus der Verwirrung des anderen speist.«

Simone Signoret (1921–1985), französische Schauspielerin und Oscar-Preisträgerin

Am nächsten Tag nimmt Yves Montand in der Colombe d'Or sein Mittagessen ein. Simone Signoret und einige Freunde sitzen auf der Terrasse, genießen wie er die mediterrane Küche. Die Mahlzeit ist beendet, die Freunde gehen, Yves Montand und Simone Signoret bleiben sitzen. »Wir trinken Weißwein, wir schauen uns an, setzen das Gespräch vom Vorabend, das keines war, fort. Ich fasse ganz mechanisch nach ihrem Handgelenk.«

Kennenlernen in der Colombe d'Or: Ausnahme-Künstlerpaar Simone Signoret, Yves Montand

»Sie haben zarte Gelenke«, sagt der für seinen unbezwingbaren Charme berühmte Sänger und spätere Filmstar.

»Sie hat gelächelt, ein paar Worte gestammelt, die ich nicht verstanden habe. Sie trinkt ihren Kaffee, ich zünde mir eine Zigarette an. Es ist zwei Uhr vorbei. Da räuspere ich mich und muss ihr erklären: ›Simone‹ (zum ersten Mal nenne ich sie Simone), ›es tut mir furchtbar leid, aber ich trete heute Abend im Freilichttheater in Nizza auf. Ich muss mich wenigstens eine halbe Stunde hinlegen.‹

›Sie können sich bei mir hinlegen, wenn Sie wollen. Ich habe ein kleines Haus im Dorf.‹«

»Wie immer«, schreibt Yves Montand weiter, »ist es die Frau, die die Initiative ergriffen hat, und wie immer bin ich davon überrascht. – Simones tiefes Schamempfinden habe ich erst später entdeckt. Wir haben das Haus besichtigt,

»Wir haben Siesta gemacht«

53

das ich sehr angenehm fand. Wir haben Siesta gemacht und uns von da an nicht mehr getrennt. Simone kam mit nach Nizza, um mich zu hören, und ich habe sie wieder zurück begleitet. Die ganze Colombe war eingeweiht, jeder hatte gesehen, wie sie aus dem Anbau (in dem Yves Montands Hotelzimmer lag, Anm.) kam.«

Ein aufgehender Stern in der französischen Musikszene

Dass er von Simone Signorets Initiative überrascht war, zeugt von falscher Bescheidenheit, war er als Chansonnier doch längst ein aufgehender Stern in der französischen Musikszene. Mädchen erlagen dem verführerischen Lächeln des als Ivo Livi geborenen, aus kleinen Verhältnissen stammenden Italieners und wurden bei seinen Auftritten reihenweise ohnmächtig. Und er verzauberte das Bürgertum, bei dem er – trotz offen ausgesprochener Nähe zu den Kommunisten* – in der Publikumsgunst ganz oben stand. Simone Signoret war, als sie einander kennenlernten, bereits ein gefragter Filmstar – und auch sie stand politisch so weit links, dass sie zeitweise mit einem Einreiseverbot in die USA belegt wurde.

Eine Ohrfeige für Simone Signoret

Yves Montands Affäre mit Edith Piaf war zu diesem Zeitpunkt bereits beendet, aber Simone Signoret hatte große Sorge bei dem Gedanken an das Leid, das ihr Mann empfinden würde. »Damit Yves Allégret, den sie zärtlich liebte, nicht in eine Schmierenkomödie hineintappte, ist sie ihm entgegengefahren«, schreibt Yves Montand, »und sie hat ihm alles gestanden. In der ersten Gefühlsaufwallung hat

---

* Yves Montand beendete seine Sympathien für die Kommunistische Partei Frankreichs erst 1968, nach dem Einmarsch der Truppen der Warschauer Paktstaaten in Prag.

54

er ihr ein paar kräftige Ohrfeigen verabreicht, dann aber hat er sich außergewöhnlich fein benommen.«

Yves Montand setzt seine Tournee durch die Badeorte an der Côte d'Azur fort. »Die Arbeit geht wieder los. Sie ist noch immer da. Ich spüre sie hinter mir. Spät in der Nacht ruft sie mich an, redet zu mir, mit all der Leidenschaft, deren sie fähig ist, und ich schmelze natürlich hin, ich bin glücklich. Wieder in Paris, musste ich mir eingestehen, wie verliebt ich war. So etwas suchst du nicht selbst, das trifft dich mitten ins Herz.«

Hochzeit in Saint-Paul-de-Vence

Am 22. Dezember 1951 wird in kleinstem Rahmen geheiratet. Natürlich in Saint-Paul-de-Vence, wo alles begonnen hat. Jacques Prévert und Paul Roux sind die Trauzeugen, Picasso schickt Glückwünsche und eine Zeichnung. Und die Hochzeitsfeier findet naheliegenderweise in der Colombe d'Or statt.

Das kleine Hotel mit seinen dreizehn Zimmern und zwölf Appartements ist heute in dritter Generation im Besitz der Familie Roux, die auch ein Stück französischer Kriminalgeschichte miterleben musste. Und zwar am 1. April 1960, als Francis Roux – der Sohn des Gründers und Vater des heutigen Patrons – frühmorgens in sein Lokal kam und wie angewurzelt stehen blieb. Fast alle Bilder waren weg. Mehrere Dutzend Picassos, Matisses, Mirós, Légers und wie sie alle hießen. An ihrer Stelle zeigte die Mauerfarbe weiße Flecken. Ein Verlust, der in die Millionen ging, den man aber letztlich nicht beziffern konnte: Die Colombe d'Or war für einen solchen Fall nicht gerüstet, weil ein solcher Fall nicht zu versichern

Plötzlich waren die wertvollen Bilder weg

55

war, man hätte die Prämie nicht zahlen können. Die Polizei kam, nahm alles auf, zählte die fehlenden Bilder, notierte die Namen der Maler, sicherte die Spuren. Und wechselte zum nächsten Tatort. Niemand konnte annehmen, dass dieses einzigartige Museum mit Schlaf-, Speise- und Getränkemöglichkeit je wieder in seiner alten Pracht erstehen würde.

»Mehr eine Entführung als ein Diebstahl«

Denn die Colombe d'Or ohne ihre Bilder, das war einfach nicht mehr die Colombe d'Or. Wie es kam, dass die Gemälde eines Tages doch wieder an ihrer Stelle hingen, bleibt ein Rätsel, das nie gelöst werden wird, obwohl die Zeitungen über den Diebstahl in dem südfranzösischen Hotelrestaurant weltweit berichteten. Als Helge Sobik, Reporter der deutschen Zeitung *Die Welt* viele Jahre später den heute aktuellen Hausherrn François Roux fragte, wie die Bilder wieder zurückgekehrt seien, deutete der nur an, dass es sich damals eher um eine Entführung als um einen Diebstahl gehandelt habe. »Die Täter wurden gefasst, die Beute kehrte zurück. Bei Entführungen hilft Lösegeld.« Auf weitere Fragen gab es keine Antworten, mehr ist beim besten Willen nicht zu erfahren.

Marc Chagall wohnt in der Nachbarschaft

Übrigens hatten die »Entführer« bei ihrem nächtlichen Einbruch einige wenige Bilder zurückgelassen, darunter eines von Chagall, das offenbar zu groß war, um durchs Fenster hinausgetragen zu werden. Als Marc Chagall, der in der Nachbarschaft wohnte, am nächsten Tag in die Colombe d'Or kam, warf er seine Arme in theatralischer Verzweiflung auseinander und protestierte: »Auch ich bin ein bedeutender Maler! Warum haben die nicht auch mein Bild gestohlen?«

»Warum haben die nicht auch mein Bild gestohlen?« Die aus der Colombe d'Or geraubten Kunstwerke hängen wieder an ihrem alten Platz – wie auch dieses Bild von Fernand Léger.

Für Yves Montand und Simone Signoret war es die Liebe fürs Leben – trotz seiner Affären, die sie großmütig, jedoch mit trauerndem Herzen übersah, unter anderem die mit Marilyn Monroe während der gemeinsamen Dreharbeiten zu *Machen wir's in Liebe* im Jahr 1959. Und doch: Wann immer das Ehepaar in das kleine Hotelrestaurant in Saint-Paul-de-Vence kam, ließ es sich an dem Tisch nieder, an dem es die ersten Worte miteinander gewechselt hatte.

Der Tisch, an dem alles begonnen hat

Als die Signoret 1985 starb, blieb Montand Stammgast in der Colombe d'Or, setzte sich aber nie wieder an den Tisch, an dem alles begonnen hatte.

Eine außergewöhnliche Liebesgeschichte, die in einem außergewöhnlichen Hotel ihren Anfang nahm.

57

Caruso überlebt das große Erdbeben ...
... als Gast im Palace Hotel, San Francisco

Der 18. April 1906 sollte das Leben der Bewohner von San Francisco für immer verändern. Auch nach Generationen rechnet man hier noch damit, dass ein solches Unglück jederzeit wieder kommen könnte. Es ist frühmorgens um 5.12 Uhr, als Hunderttausende Menschen in der kalifornischen Metropole aus ihrem Schlaf gerissen werden. Ein Beben der Stärke 7,8 auf der Richterskala macht innerhalb weniger Minuten die Stadt dem Erdboden gleich, Wolkenkratzer, viktorianische Holzhäuser, vor allem aber die alten Backsteinbauten brechen wie Kartenhäuser in sich zusammen. Doch das Schlimmste steht der Stadt an der Golden-Gate-Brücke (die es damals noch nicht gab) erst bevor. Denn noch größer als die Katastrophe der Erderschütterung sind die Großbrände, die ihr folgen und nicht gelöscht werden können, da das Beben das Wasserleitungssystem der Stadt zerstört hat.

Die Gebäude der Stadt brechen wie Kartenhäuser in sich zusammen

Die Feuerwehren sind ständig im Einsatz und müssen feststellen, dass aus keinem einzigen Hydranten Wasser fließt. Niemand kennt zu diesem Zeitpunkt das wahre Ausmaß der Katastrophe. Die vielen kleinen Brände vereini-

gen sich zu einem tosenden Flammeninferno, drei Tage
lang brennt die ganze Stadt. Und die Feuerwehrleute müssen dem Ausbreiten der Flammen hilflos zusehen.

Enrico Caruso, der seit vier Wochen mit dem Ensemble
der »Met« quer durch die USA reist, hat am Abend vor der
Katastrophe in der Grand Opera von San Francisco eine
triumphale Vorstellung als Don José in Bizets *Carmen* gegeben. Danach ist er noch mit Kollegen zum Abendessen
gegangen, um sich gegen Mitternacht in seiner Suite im
fünften Stock des Palace Hotels zur Ruhe zu begeben. Das
Palace mit seinen achthundert Zimmern war zur Jahrhundertwende eines der größten und renommiertesten Hotels
der Welt.

*Enrico Caruso
(1873–1921),
italienischer
Opernsänger, oft
als größter Tenor
aller Zeiten
bezeichnet*

*Das Palace in
San Francisco
mit seinen 800
Zimmern war eines
der größten und
renommiertesten
Hotels der Welt.*

Der 32-jährige Tenor hatte am Abend vor dem Erdbeben
erfahren, dass der Vesuv nahe seiner Heimatstadt Neapel
ausgebrochen war und in seiner Umgebung ganze Dörfer
zerstört hatte. Spitzzüngig wie er war, kommentierte Caruso
die beiden Katastrophen, noch unter dem Schock des Erd-

bebens von San Francisco stehend, mit den Worten: »Da ist mir der Vesuv noch lieber!«

Die Vorstellung im Opernhaus von San Francisco war als letzte einer großen Amerikatournee geplant, die nächste Station sollte England sein. Caruso hatte bereits in ersten Interviews an Ort und Stelle geschildert, wie er durch die heftigen Stöße des Erdbebens in aller Früh aus dem Bett geschleudert und von herumfliegenden Stühlen fast erschlagen wurde. Kaum in London angekommen, bittet die Zeitschrift *The Sketch* den weltberühmten Tenor, einen detaillierten Bericht darüber zu schreiben, wie er das Erdbeben erlebt habe.

»Mein Bett schwankt, als ob ich auf einem Ozeandampfer sei«

»Ich hatte Angst, wie viele andere auch«, beginnt seine Schilderung, »aber ich verlor nicht meinen Kopf. Am Dienstagabend, der Nacht vor der großen Katastrophe, ging ich nach dem glänzenden Erfolg der *Carmen* sehr zufrieden zu Bett. Aber was für ein Erwachen! Es ist Mittwochmorgen zeitig um 5 Uhr früh, da spüre ich wie mein Bett schwankt, als ob ich auf einem Ozeanschiff sei. Ich stehe auf und gehe zum Fenster, lasse die Jalousien hinauf und schaue hinaus. Und was ich sehe, lässt mich vor Angst erzittern. Ich sehe die Gebäude umstürzen, große Stücke Mauerwerk fallen herab, und von der Straße herauf höre ich Schreie und Klagen von Männern, Frauen und Kindern.«

Caruso glaubt anfangs an einen Traum und sieht innerhalb von Sekunden sein Leben an sich vorüberziehen, von seinem ersten Auftritt bis zur *Carmen*-Vorstellung des Vorabends. Als er die Dramatik der Situation realisiert, ruft er seinen Butler, der ihm ruhig und bedächtig rät, sich schnell

»Ich hatte Angst, wie viele andere auch«: Startenor Enrico Caruso überlebte das große Erdbeben des Jahres 1906 im Palace Hotel in San Francisco.

anzuziehen und ins Freie zu laufen, ehe das Hotel einstürze und Menschen getötet würden. Während das Zimmer sich durch den herabfallenden Verputz mit einer dicken Staubschicht bedeckt, »gibt mir mein Diener«, wie Caruso schreibt, »irgendwelche Kleider, ich ziehe ein Paar Hosen und einen Mantel an und schlüpfe in Socken und in meine Schuhe, und immer wieder bebt der Raum, sodass ich sehr nervös bin. Ich dachte, dass das Gebäude einstürzen und uns zermalmen wird. Und die ganze Zeit über hören wir das Geräusch von fallendem Mauerwerk und die Schreie der verängstigten Leute.

Dann laufen wir die Stiegen hinunter und auf die Straße und mein Diener, guter Kerl, der er ist, geht zurück und

»Die Schreie der verängstigten Leute«

61

packt alle meine Sachen und Koffer und schleppt sie fünf Stockwerke hinunter und hinaus ins Freie, einen nach dem anderen. Während er einen weiteren und noch einen weiteren Koffer holt, passe ich auf die auf, die schon da sind, und da kommt auf einmal jemand und versucht, meine Koffer zu nehmen, und sagt, es sind seine.«

Ein Mann versucht Carusos Koffer zu stehlen

Caruso entgegnet: »Nein, das sind meine«, aber der Fremde gibt nicht auf. Als ein Soldat auf die beiden zukommt, erklärt der Künstler, dass der Mann seine Koffer zu stehlen versuche und dass er Caruso sei, der gestern Abend in *Carmen* gesungen habe. Der Soldat erkennt ihn und verjagt den Kofferdieb, der noch Glück hat, zumal Bürgermeister Eugene E. Schmitz an diesem Morgen der Armee die Erlaubnis erteilt hat, auf Plünderer zu schießen.

Caruso läuft jetzt zum Union Square, wo er mehrere seiner Kollegen trifft. »Einer erzählt mir, dass er alles verloren habe, außer seine Stimme, aber er sei dankbar, dass er wenigstens die noch hat. Und dann sagten sie zu mir, ich solle in ein Haus mitkommen, das noch steht. Aber ich sagte, dass man nur unter freiem Himmel sicher sei und lieber an einem Platz bliebe, wo man nicht befürchten muss, unter einstürzenden Gebäuden begraben zu werden.« Der von den Anstrengungen völlig erschöpfte Italiener legt sich auf eine Bank, um sich auszuruhen, während sein Diener immer noch mit dem Gepäck beschäftigt ist.

»Die ganze Stadt scheint zu brennen«

»Bald«, fährt Caruso in seinem Bericht fort, »beginne ich die Flammen zu sehen und die ganze Stadt scheint zu brennen. Den ganzen Tag wandere ich herum und sage meinem Diener, wir müssen versuchen wegzukommen, aber die Soldaten lassen uns nicht durch. Wir schlafen die Nacht im Freien, und meine Glieder tun mir immer noch von dem harten Lager weh.«

Die Bilanz ist entsetzlich. San Francisco gleicht einem Ruinenfeld. Zehntausende Gebäude müssen abgetragen werden, 300 000 der 400 000 Bewohner sind obdachlos, drei Viertel der Stadt sind zerstört beziehungsweise erheblich beschädigt. Wie viele Menschen ihre Häuser durch Brandstiftung vernichteten, weil sie zwar gegen Feuer, nicht aber gegen Erdbeben versichert waren, konnte nie geklärt werden. Insgesamt starben in den Trümmern der zerstörten Häuser sechstausend Menschen. San Francisco ist nach dem 18. April 1906 nicht mehr, was es davor gewesen war.

Sechstausend Menschen sterben in den Trümmern von San Francisco

Am nächsten Morgen gelingt es dem Diener, einen Mann mit einem Karren aufzutreiben, der sich bereit erklärt, ihn und Caruso samt Koffern gegen Bezahlung einer hohen Summe zur Fähre nach Oakland zu bringen. »Wir verstauen das Gepäck in den Wagen und steigen dann ein und der Mann gibt seinem Pferd die Peitsche, und es geht los«, erinnert sich Caruso. »Unterwegs kommen wir an schrecklichen Szenen vorbei: zerstörte Gebäude, überall Rauch und Staub. Der Fuhrmann scheint es nicht eilig zu haben, was mich mehrmals ungeduldig macht, weil ich es nicht erwarten kann, nach New York zu kommen, wo ich weiß, dass ich ein Schiff finden werde, das mich in mein schönes Italien und zu meiner Frau und zu meinen kleinen Söhnen bringen wird.«

»Zerstörte Gebäude, überall Rauch und Staub«

In Oakland besteigen Caruso und sein Diener den nächsten Zug nach New York. »Die Reise erscheint mir sehr lang und langwierig und ich schlafe sehr wenig, denn

Das Palace Hotel wurde nach dem Erdbeben ein Raub der Flammen, drei Jahre später baute man es wieder detailgetreu auf, so auch das prunkvolle Restaurant.

ich fühle noch immer das schreckliche Schwanken, das mich krank gemacht hat. Sogar jetzt kann ich nur jeweils eine Stunde durchschlafen, denn es war ein schreckliches Erlebnis.«

Von New York geht es per Schiff und Bahn nach London, wo Enrico Caruso am 15. Mai 1906 in der Covent Garden Opera auftritt und vom Publikum wie ein von den Toten auferstandener Held gefeiert wird. Danach fährt er in seine geliebte Heimat, nach Italien.

Caruso schwor nach dem 18. April 1906, nie wieder nach San Francisco zu kommen. Und er hat den Schwur gehalten.

Das 1875 errichtete Palace Hotel, in dem der Tenor die

Naturkatastrophe überlebt hat, hielt den schweren Erdstößen stand, wurde aber wie so viele Gebäude in den Stunden danach ein Raub der Flammen. Die Ruine wurde abgerissen und das Hotel drei Jahre später neu aufgebaut und feierlich wiedereröffnet. Warren G. Harding, der 29. Präsident der Vereinigten Staaten, starb am 2. August 1923 im Palace Hotel im Alter von 57 Jahren, vermutlich an den Folgen eines Herzinfarkts.

Das zweite große Erdbeben

San Francisco ist besonders erdbebengefährdet, weil es am 1120 Kilometer langen San-Andreas-Graben liegt, an dem zwei große Kontinentalplatten zusammenstoßen und sich teilweise ineinander verkeilen. Ein weiteres großes Beben – mit der Stärke 7,1 – traf San Francisco 1989, wobei 62 Menschen starben und viele Straßen und Freeways zerstört wurden. Dass die Schäden weitaus geringer blieben als 1906, lag daran, dass gefährdete Häuser und Straßen erneuert worden waren und die seither errichteten Wolkenkratzer zu den sichersten der Welt zählen. Sie sind auf Schienen und Rädern gebaut, sodass ein Einsturz kaum noch möglich ist.

»Das Rhythmusgefühl eines Nilpferds«
Billy Wilder als Eintänzer im Berliner Eden-Hotel

Das mondäne Hotel gibt es längst nicht mehr, sein Name bleibt jedoch durch zwei Ereignisse in Erinnerung, die unterschiedlicher nicht hätten sein können. Zum einen fielen im Berliner Eden die kommunistischen Parteiführer Rosa Luxemburg und Karl Liebknecht einem Mordanschlag zum Opfer, zum anderen war der spätere Meisterregisseur Billy Wilder hier als Eintänzer tätig.

Billy Wilder (1906–2002), Reporter in Wien und Berlin, Hollywoodregisseur, mehrfacher Oscar-Preisträger

Beginnen wir mit der weit weniger dramatischen Geschichte. Billy Wilder, dessen Name damals noch Billie geschrieben und Wilder (wie das deutsche Wort »wild«) ausgesprochen wurde, war 1926 von Wien nach Berlin übersiedelt, weil er sich dort als Reporter spannendere Geschichten und höhere Honorare erhoffte.

Das mit den Honoraren blieb ein frommer Wunsch, da die Bezahlung als freier Mitarbeiter der *BZ am Mittag* so miserabel war, dass er sich auf die Suche nach einem Nebenjob begeben musste. Wenn er keine oder zu wenige Aufträge bekam, war Wilder zeitweise sogar gezwungen, in einem Berliner Bahnhofswartesaal zu übernachten.

In die Geschichte durch zwei Ereignisse eingegangen, die unterschiedlicher nicht hätten sein können: das Eden-Hotel in Berlin

Das Frühstück beschaffte er sich dann mit folgendem Trick: »Wenn ich Hunger hatte, kam ich am Morgen ohne einen Pfennig in der Tasche ins Romanische Café und bestellte mir ein komplettes Frühstück. Das war reine Nervensache, denn wenn ich aufgegessen hatte, wusste ich, dass ich jetzt bis zwölf Uhr Mittag Zeit hätte. Bis dahin nämlich musste ein Freund oder zumindest ein Bekannter auftauchen, der sich anpumpen ließ. Um zwölf Uhr war Kellnerwechsel, und bis dahin musste man einfach bezahlt haben. *Zwölf Uhr Mittag, High Noon* – ich erlebte als Zwanzigjähriger im Romanischen Café die gleiche Spannung, wie sie Fred Zinnemann später in seinem Film erzeugt hat.«

In dieser erbärmlichen Lage traf Billy Wilder auf der Straße einen flüchtigen Bekannten namens Robert, der mit der Tanznummer *Robert und Yvette* seinen Lebensunterhalt einigermaßen bestreiten konnte. Als er ihm seine finanzielle Not schilderte, versprach Robert, dass er im

Der Frühstücks-Trick im Romanischen Café

67

Eden-Hotel in der Budapesterstraße ein gutes Wort für ihn einlegen würde.

Und tatsächlich, die Direktion fragte nicht lange nach Tanzkenntnissen und sonstiger Eignung und nahm Billie Wilder in den Eden-Pavillon als Eintänzer auf. Nach dieser eben erst erfundenen Berufsgruppe, auch Gigolos genannt, herrschte große Nachfrage.

Die Sehnsucht nach charmanter Tanzbegleitung

Mit dem Zusammenbruch des deutschen Kaiserreichs war ein neues Zeitalter angebrochen, Berlin taumelte im Jazzfieber, die Rhythmen von Charleston, Shimmy und Foxtrott waren zu hören. Aber viele Frauen hatten im Krieg ihre Männer verloren und sehnten sich nach charmanter Tanzbegleitung. Diese wurde ihnen – gegen Bezahlung – in den Tanzclubs der Cafés, Bars und Hotels geboten, meist von ehemaligen Offizieren und Aristokraten mit tadellosem Benehmen, korrekter Kleidung, die noch aus besseren Tagen stammte, und erstklassigen Tanzkenntnissen.

All das traf auf Billy Wilder nicht zu, aber er machte auf der Tanzfläche dennoch eine passable Figur. Vom Vorschuss, den ihm das Eden-Hotel zahlte, löste er seinen Anzug aus der Pfandleihe, und schon konnte es losgehen.

»Ich habe den besseren Dialog«

Der Tanz stand im Mittelpunkt des Geforderten, war aber dennoch eher Nebensache, viel wichtiger waren launige Gespräche, geistreiche Diskussionen und schmeichelhafte Flirts, erinnerte sich Billy Wilder später: »Meine damaligen Kollegen waren vielleicht besser angezogen, sahen besser aus und tanzten auch besser. Ich aber hatte dennoch Erfolg: Ich hatte den besseren Dialog.« Auch nach Jahrzehnten konnte Billy Wilder noch ein Beispiel dafür zitieren:

So einer war Billy Wilder: Eintänzer beim Fünf-Uhr-Tee im Berliner Eden-Hotel

Man tanzt English Waltz. Langsam. Eng.

WILDER: Darf ich etwas Persönliches fragen?

SIE: Aber natürlich!

WILDER: Wissen Sie, woran Sie mich erinnern?

SIE: Nein.

WILDER: Ich wage es nicht zu sagen.

SIE: Wagen Sie es!

WILDER: An ein herrliches Soufflé.

SIE: Ein Soufflé?

WILDER: Von Engeln zubereitet. Auf einer Terrasse am Mittelmeer. Hauchzart und in der Mitte ein Klacks von göttlicher Konfitüre.

SIE: Sie machen mir Appetit.

Verständlich, dass die Dame wie ein Soufflé zerfloss.

»Herr Ober, bitte
einen Tänzer«

»In den Wochen als Eintänzer hatte ich nie Hunger«, erinnerte er sich, als er längst schon ein weltberühmter Regisseur war. »Zum Vertrag gehörte, dass man mit den Kollegen ›wie ein Gast‹ im Hotel essen durfte.« Dennoch quittierte Wilder am 15. Dezember 1926, nach zweimonatiger Tätigkeit, seinen Dienst im Eden-Hotel, und im Jänner des darauf folgenden Jahres erschienen seine Gigolo-Erlebnisse unter dem Titel »Herr Ober, bitte einen Tänzer« als vierteilige Serie in der *BZ am Mittag*: »Ich bin wieder an der Arbeit, Tisch 91 … Ich tanze mit ganz Kleinen und mit Frauen, die zwei Köpfe höher sind als ich; mit Hübschen und mit weniger Reizvollen; mit ganz Schlanken und mit solchen, die Entfettungstee trinken; mit Damen, die den Kellner nach mir schicken und mit verzückt geschlossenen Augen den Tango auskosten; mit Gattinnen, mit Mondänen, die ein schwarzumrandetes Monokel tragen, und deren Kavaliere, des Tanzes selbst unkundig, mich verpflichten … Geputzte Damen von zwanzig bis fünfzig, eine Ältere im flaschengrünen Kleid, mit langem Hals und eigelben Haaren … Es ist nicht leicht, schwergewichtige Damen herumzuschwenken, die das Rhythmusgefühl eines Nilpferds haben. Es war ein dauernder Kampf. Ich tanzte Foxtrott, sie Polka. Der Modetanz jedoch heißt Charleston.«

»Geputzte Damen
von zwanzig
bis fünfzig«

Die »Arbeitszeit« im Eden-Pavillon verlief täglich von halb fünf bis sieben und von halb zehn bis eins. Nachmittags im dunklen Anzug und steifen Kragen, der täglich mit einem Radiergummi gesäubert wurde, abends im Smoking. Als Gage gab es fünf Mark plus Trinkgeld.

Als ich Billy Wilder sechzig Jahre später in Los Angeles traf, besaß er sein Dienstzeugnis aus dem Eden-Hotel immer noch: »Herr Billie Wilder war in unserem Haus vom 15. Oktober dieses Jahres bis heute als Gesellschaftstänzer tätig. Wilder hat es verstanden, in seiner Eigenschaft als Tänzer, sich dem verwöhnten Publikum in jeder Weise anzupassen. Herr Wilder hat sich auf seinem Posten gut bewährt und die Interessen des Hauses stets wahrgenommen. Herr Wilder scheidet aus eigenem Wunsch aus unserem Betriebe aus. Die Direktion des Hotels.«

Billy Wilders Gigolo-Fertigkeiten schlugen sich später in Filmen wie *Sunset Boulevard, Zeugin der Anklage, Reporter des Satans, Das Appartement* und *Irma La Douce* nieder. In *Manche mögen's heiß* bot er seinem Lieblingsschauspieler Jack Lemmon in eigener Erfahrung gesammelte Tanzschritte an.

Der Ehrenkodex der Gigolos

Es gehörte zwar zum unausgesprochenen Ehrenkodex der Gigolos, den einsamen Herzen, den reichen Witwen oder den von ihren Ehemännern vernachlässigten Damen nicht allzu nahe zu kommen, es konnte aber durchaus passieren, dass die Kundinnen ausforschten, wie weit sie bei ihren Tanzpartnern gehen konnten. Auch diesbezüglich machte Billy Wilder seine Erfahrungen: »Mit einer schönen schwarzen Frau in kostbarem Hermelin, drunter ein Abendkleid, das wie ein Silberpanzer aussieht, eine Rose an der Hüfte. Sie hat mich an den Tisch befohlen: neun Gänge, eine Flasche Veuve Cliquot. Zwischendurch tanzen wir ... Um zwei Uhr sagt sie: ›Wir gehen.‹ Ich soll sie heimbringen, weil sie allein ist. Meinetwegen, denke ich. Ein Taxi steht schon bereit. Wir steigen ein. Sie sagt zum Fahrer: ›Kantstraße‹. Ich bin nervös. Ich blicke durch das Seitenfenster auf die Lichtreklamen draußen, die der Novemberregen wäscht.

71

Drei Jahrzehnte, nachdem er als Eintänzer im Eden-Hotel tätig war, konnte Billy Wilder seine Tanzkenntnisse bei den Dreharbeiten zu Manche mögen's heiß *mit Jack Lemmon verwerten.*

Kantstraße. Der Wagen hält. Ich helfe der Dame aus dem Auto. Das Taxi fährt davon. Sie öffnet die Haustür. Plötzlich aber dreht sie sich um, sieht mir in die Augen und fragt todernst: ›Wissen Sie, wer Kant war?‹

›Wer Kant war?‹ Die Gute. Ich will ihr die Pointe nicht verderben, für die sie 72 Mark bezahlt hat, ohne die Autospesen. Ich antworte: ›Gewiss, Gnädigste, ein Schweizer Nationalheld.‹

Sie verzieht den Mund, hebt die Hand und streichelt meine Wange, wie einem armen Kinde. Dann tritt sie ins Haus und versperrt die Tür hinter sich. Ich stelle den Mantelkragen hoch und gehe die Straße hinunter.«

Billie Wilder ist noch einmal davongekommen.

Zwei Attentate im Berliner Eden-Hotel

Das in den Jahren 1911/12 errichtete Eden zählte neben dem Adlon zu den elegantesten Hotels der Stadt, dessen Bar die Berliner Künstlerelite anzog. Im Eden trafen sich auf einen Drink die Schriftsteller Heinrich Mann, Erich Maria Remarque und Jakob Wassermann, die Schauspieler Gustaf Gründgens, Albert Bassermann und der Maler Max Beckmann.

Gerade in seiner Blütezeit gelangte das Hotel zu trauriger Berühmtheit. Am 15. Jänner 1919 wurden die kommunistischen Parteiführer Rosa Luxemburg und Karl Liebknecht von der »Wilmersdorfer Bürgerwehr« verhaftet und ins Eden-Hotel verschleppt, in dem sich damals das Hauptquartier der »Garde-Kavallerie-Schützen-Division« befand. Um 22 Uhr fiel hier die Entscheidung, die beiden politischen Gefangenen ohne jede Anklage zu töten.

Karl Liebknecht (1871–1919), deutscher Politiker, Abgeordneter des Reichstags

Nachdem man ihn im Eden-Hotel verhört und stundenlang misshandelt hatte, wurde Liebknecht durch den Schlag eines Gewehrkolbens so schwer verletzt, dass er das Bewusstsein verlor. Er wurde zum nahe gelegenen Tiergarten gebracht und dort aus nächster Nähe von hinten erschossen.

Rosa Luxemburg wurde ebenfalls misshandelt, vor dem

Ins Eden-Hotel verschleppt und danach ermordet: die kommunistischen Parteiführer Rosa Luxemburg und Karl Liebknecht

Eden-Hotel in ein Auto gezerrt und nach wenigen Metern Fahrt von einem am Trittbrett stehenden Leutnant erschossen. Von Seiten der Regierung wurde später erklärt, Liebknecht sei »auf der Flucht erschossen« und Luxemburg »von der Menge getötet« worden. In keinem der Fälle kam es zu einer Anklage oder gar einem Urteil.

Als Billy Wilder als Eintänzer im Eden-Hotel arbeitete, waren seit Rosa Luxemburgs und Karl Liebknechts Tod gerade erst sieben Jahre vergangen. Wilder war als Reporter in Wien und Berlin ein politischer Kopf und hatte natürlich vom Blut, das an seinem »Arbeitsplatz« geflossen war, gewusst. In seinen Erinnerungen an die Zeit als Gigolo hat er den »Tatort« Eden jedoch nicht erwähnt.

Teile des Hotelpalasts wurden im Zweiten Weltkrieg zerstört, die Reste in den Jahren 1951 bis 1958 abgetragen.

Vom Armenhaus ins Luxushotel
Hitler im Wiener Imperial

Als er zuletzt in Wien gewesen war, hatte er das Männerheim in der Meldemannstraße bewohnt. Als Hitler ein Vierteljahrhundert später wiederkam, stieg er im Hotel Imperial ab. Ein beachtlicher Aufstieg vom Arbeitslosen- und Obdachlosenasyl zur ersten Adresse der Stadt, an der gekrönte Häupter, Staatspräsidenten und gefeierte Künstler logieren.

Geträumt haben mag Hitler von derlei Prunk bereits als gescheiterter Kunstmaler, schwärmte er doch schon in seinem Machwerk *Mein Kampf*, dass »die ganze Ringstraße auf mich wie ein Zauber aus Tausendundeiner Nacht wirkte«. Nun ist der Traum in Erfüllung gegangen, der »Führer« zeigt sich zwei Tage nach dem »Anschluss« seiner Heimat an das Deutsche Reich auf dem Balkon der Fürstensuite des Ringstraßenhotels und lässt sich von einer riesigen Menschenmenge, die vor dem Imperial steht, bejubeln.

Hitler lässt sich im Imperial bejubeln

Längst ist das Imperial ein Mythos, ein geheimnisvolles Stück Wien – auch wenn es nur wenige Bewohner der Stadt von innen kennen. Dabei wurde das riesige Gebäude

75

gar nicht für Staatsgäste und Touristen gebaut, sondern für ein einzelnes Ehepaar, den Herzog Philipp von Württemberg und seine Gemahlin Erzherzogin Maria Theresia, eine gebürtige Habsburg. Die beiden hatten einen leeren Bauplatz gekauft und darauf ein prunkvolles vierstöckiges Palais errichten lassen. Doch kaum war es 1866 fertiggestellt, verloren die Württembergs das Interesse daran, da die Ringstraße immer noch eine riesige Baustelle war, die dem Ehepaar zu schmutzig und zu laut erschien. Außerdem ärgerten sie sich darüber, dass ihnen an der Rückseite durch den Neubau des Musikvereins der freie Blick zur Karlskirche genommen wurde.

Ein Hotel für gekrönte Häupter   Der Bankier Horace Ritter von Landau kaufte den verwaisten Fürstenpalast und baute ihn in ein Luxushotel um. Für Wien eine Sensation, denn in der Residenzstadt gab es bis dahin – mit Ausnahme des davor schon eröffneten nahen Grand Hotels – hauptsächlich einfache Unterkünfte, da ein nennenswerter Fremdenverkehr noch kaum existierte. Erst die fertige Ringstraße und die Weltausstellung 1873 lockten Monarchen, Geschäftsleute und betuchte Touristen an. So zählten der Kaiser von Brasilien, der König von Dänemark und der deutsche Kaiser Wilhelm I. zu den ersten Gästen des Hotels.

Auch Künstler wie Eleonora Duse und Sarah Bernhardt nächtigten im Imperial, und als Richard Wagner 1875 für eine *Tannhäuser*-Aufführung an die Hofoper kam, bewohnte er eine Sieben-Zimmer-Flucht samt eigens herbeigeschafftem Konzertflügel.

Da sich das ehemalige Einfamilienpalais bald als zu klein für ein First-Class-Hotel erwies, suchte die Wiener Ver-

kehrsbank, die es mittlerweile für drei Millionen Kronen* erworben hatte, im Jahr 1912 bei der Baubehörde um Erweiterung um zwei Stockwerke an. Österreichischer geht's nicht: Bis zur Erteilung der Genehmigung vergingen sage und schreibe fünfzehn Jahre (!), dann erst konnte endlich mit der Aufstockung begonnen werden. Dafür erhielt das Hotel im September 1918 den ehrenvollen Titel »K. u. k. Hoflieferant«, über den sich die hochlöbliche Direktion allerdings nur noch zwei Monate lang freuen durfte, weil es danach keinen Hof mehr gab.

Auch in der Ersten Republik kamen prominente Gäste wie Charlie Chaplin, der am 17. März 1931 in Wien seinen

Für Wien eine Sensation, denn in der Reichshaupt- und Residenzstadt gab es bis dahin fast nur einfache Unterkünfte: das Hotel Imperial vor dem Umbau

---

* Entspricht laut »Statistik Austria« im Jahre 2016 rund 15 Millionen Euro.

Film *Lichter der Großstadt* vorstellte und hier wie ein König empfangen wurde. Schaulustige kletterten auf die Bäume vor dem Imperial, um den Filmstar aus der Nähe sehen zu können, eine junge Dame schlich sogar in seine Suite, angeblich, um ihn von ihren schauspielerischen Qualitäten zu überzeugen.

Hitlers Wiener Hauptquartier

Und dann kommt der 14. März 1938. Hitler zieht in der Metropole ein, erklärt das Imperial zu seiner »Wiener Residenz« und steigt samt Propagandaminister Joseph Goebbels und weiteren Nazi-Größen am Kärntner Ring ab. Und schon schwärmt das eben noch christlichsozial ausgerichtete *Neue Wiener Tagblatt* unter der Schlagzeile »Hotel Imperial – eine historische Stätte«: »Wie der Führer das Hotel Kaiserhof in Berlin zu seinem politischen Hauptquartier gemacht hat, so erhob er jetzt, bei seinem ersten Aufenthalt in Wien, ein in Ruf und Rang dem Kaiserhof ebenbürtiges Unternehmen zum Wiener Hauptquartier von Staat und Partei.«

Parallel dazu laufen bereits die Vorbereitungen zur »Arisierung« Zehntausender Immobilien, darunter auch die des Hotels Imperial. Dessen Hauptaktionär Samuel Schallinger wird verhaftet und später ins Konzentrationslager Theresienstadt deportiert, wo ihn die Nationalsozialisten 1942 ermorden. Zu einer Restitution an seine Erben ist es nie gekommen.

Im Schönbrunner Barock

»Hitler wohnte nicht in den Fürstenzimmern des Imperial, diese benutzte er nur dienstlich«, schreibt seine mitgereiste Sekretärin Christa Schroeder in ihren Lebenserinnerungen. »Er selbst bewohnte ein kleines Appartement im

1. Stock, das im Schönbrunner Barock eingerichtet und mit
märchenhaft schönen Blumenarrangements voll gestellt
war. Laufend wurden die herrlichsten Blumengebilde für
Hitler im Hotel abgegeben, typische Wiener Sträuße, beste-
hend aus weißem Flieder mit rosa Rosen. Und dann die
kostbaren Orchideen. Es war überwältigend ...«

Und die Verharmlosung geht weiter: »Zu Tausenden«,
schwärmt die im Jahr 1949 offensichtlich von Hitler immer
noch faszinierte Frau Schroeder, »hatten die Wiener vor
dem Hotel gestanden, sie wurden nicht müde, nach Hitler zu
rufen, er musste zu ihnen sprechen. Am zweiten Tag unseres Aufenthaltes im Hotel besuchte Kardinal Innitzer Hitler, der von diesem Besuch offenbar sehr beeindruckt war,
denn bei den Teegesprächen kam er des Öfteren hierauf
zurück.« Kein Wunder, hatte doch der bisher treu zu Kanz-
ler Schuschnigg stehende Wiener Erzbischof dem »Führer«
die Loyalität der katholischen Bevölkerung zugesichert.

*Kardinal Innitzer
im Imperial*

Am Abend des 14. März 1938 spricht Hitler am Balkon
des Imperial zu den Wienern, die auf der Ringstraße aus-
harrten: »Meine deutschen Volksgenossen und Genossin-
nen«, brüllt er ins Mikrofon, »es ist eine große geschichtliche Wende, die unserem deutschen Volk zuteil wurde. Was
wir in diesem Augenblick erleben, erlebt mit Ihnen auch
das ganze andere deutsche Volk. Nicht die zwei Millionen
Menschen in dieser Stadt sind es, sondern 65 Millionen
unseres Volkes in einem Reich! Ich bin ergriffen und bewegt von dieser geschichtlichen Wende. Und Sie alle leben
in einem Gelöbnis: Was immer auch kommen mag, das
Deutsche Reich, so wie es heute steht, wird niemand mehr
zerbrechen und niemand mehr zerreißen!«

*Die Ansprache
vom Hotelbalkon*

So bescheiden sich Hitler mit seinem »kleinen Appartement« der Außenwelt gegenüber gab, so groß war der Aufwand, der um seine Person betrieben wurde. Vor dem Hotel nahm eine Ehrengarde Aufstellung, die Gestapo hatte noch vor seiner Ankunft die Daten jedes einzelnen Imperial-Mitarbeiters peinlich genau überprüft und »normale Gäste« ins Hotel Bristol übersiedelt, damit der Reichskanzler ungestört sein konnte. Dem »Führer«, der weder rauchte noch Alkohol, Kaffee oder Schwarzen Tee zu sich nahm, wurden ausschließlich Gemüseplatten serviert, da er sich wegen seiner Magenprobleme vegetarisch ernährte.

Zu den Gästen, die Hitler im Imperial empfängt, zählt seine um sieben Jahre jüngere Schwester Paula. Große Dis-

»Es ist eine große geschichtliche Wende, die unserem deutschen Volk zuteil wurde«: Hitler – neben Goebbels – am 14. März 1938 auf dem Balkon des Hotel Imperial

80

kretion ist angesagt, denn der allmächtige »Führer des Deutschen Reichs« versteckt die Mitglieder seiner aus kleinen Verhältnissen stammenden Familie, die in der Öffentlichkeit totgeschwiegen wird. Seit ihr Bruder Reichskanzler ist, wohnt Paula Hitler inkognito und seit wenigen Wochen unter dem Familiennamen Wolf in einer ärmlichen Dachkammer in Wien.

Paula Hitler betritt zum ersten Mal in ihrem Leben ein Nobelhotel und ist eingeschüchtert ob des Kults um ihren Bruder und der »Heil Hitler«-Rufe, die an allen Ecken und Enden im Imperial zu hören sind.

Adolf und Paula haben einander vor den ereignisreichen Tagen im März 1938 lange nicht gesehen – sie sind die einzigen von sechs Kindern der Familie Hitler, die überlebt haben. Die Begrüßung unter vier Augen im Appartement des »Führers« im Hotel Imperial ist herzlich, vonseiten der Schwester überschwänglich. Hitlers Adjutant lässt Tee servieren. Nach einer halbstündigen Plauderei verlässt Paula Hitler das Hotel – mit einem Geldkuvert in der Tasche.

Hitler trifft seine Schwester

Schwester und Bruder haben nach diesem Treffen – obwohl Paula dem Regime durchaus nahesteht – kaum noch Kontakt. Nach dem Krieg von der US-Besatzung kurz in Gewahrsam genommen, behauptet Paula Hitler, dass ihr Bruder »mit den Verbrechen der NS-Zeit nichts zu tun und von diesen auch nichts gewusst« habe. Sie stirbt 1960 kinderlos im Alter von 64 Jahren in Berchtesgaden, nur wenige Kilometer von Hitlers ehemaliger »Alpenfestung« entfernt.

Ein weiterer Gast Hitlers im Imperial ist der »Duce« Benito Mussolini, der das Hotel im Herbst 1943 durch den

Lieferanteneingang betreten muss, weil er sich nach dem Einmarsch der Alliierten in Italien und seiner Absetzung als Ministerpräsident auf der Flucht befindet. Hitler selbst ist bei diesem Besuch nicht anwesend.

Ein Bunker für den »Führer«

Da Hitler das Imperial zu seinem Wiener Hauptquartier auserkor – und obwohl er es nur ein einziges Mal besucht hat –, musste ein unterirdischer Bunker errichtet werden, der ihm im Falle des Falles Schutz bieten sollte. Die am Seiteneingang des Hotels gelegene Canovagasse wurde bis in fünf Meter Tiefe aufgegraben, mit einem bombensicheren Luftschutzkeller versehen, Gänge wurden gelb verfliest, Luftfilteranlagen eingebaut, die Räume mit Stahltüren hermetisch verschlossen, und am Ende wurde der ganze Keller wieder zubetoniert. Hitler hat den Bunker nie betreten, dafür fanden während der alliierten Fliegerangriffe auf Wien etliche Mitglieder der Wiener Philharmoniker, die vom benachbarten Musikvereinsgebäude herübergelaufen kamen, Unterschlupf.

Das gefälschte Imperial-Bild

Im Fälschen von Bildern und Dokumenten hatten die Nationalsozialisten ein eigenes Geschick entwickelt. Ein 1931 gemaltes, oft gezeigtes Imperial-Bild, auf dem die Ringstraßenfassade des Hotels mit rot-weiß-roten Fahnen zu sehen ist, wurde nach Hitlers Einmarsch dermaßen verändert, dass die Flaggen plötzlich mit Hakenkreuzen übersät waren. Laut Auskunft des langjährigen Chefportiers und heutigen Imperial-Archivars Michael Moser wurde das Hakenkreuz-Bild in den Jahren 1938 bis 1945 als Ansichtskarte gedruckt und nach 1945 wieder in den ursprünglichen Zustand zurückversetzt.

In der Besatzungszeit diente das mittlerweile in den Besitz der Creditanstalt gelangte Hotel als Sitz des sowjetischen Hochkommissars, ehe es 1958 nach einem Totalumbau zur Nobelherberge für Staatsgäste der Republik wurde.

Während Kreml-Chef Nikita Chruschtschow und Gattin Nina beim sowjetisch-amerikanischen Gipfeltreffen in Wien 1961 im Imperial nächtigten, logierten Jackie und John F. Kennedy in der Residenz der amerikanischen Botschaft. Wie überhaupt noch nie ein amtierender Präsident

Heute wehen wieder rot-weiß-rote Fahnen vom Hotel Imperial, doch in der Zeit des Nationalsozialismus war dieses 1931 entstandene Bild mit Hakenkreuzflaggen übersät.

83

der Vereinigten Staaten als offizieller Staatsgast im Imperial verweilte, »weil diese mit ihrer Entourage zweihundert Zimmer benötigen«, wie man aus dem Hotel hört. Für die Amerikaner ist das Fünf-Sterne-Hotel zu klein.

Ein Stockwerk für die Queen

Es verfügt eben über nur 138 Zimmer und Appartements, die so angelegt sind, dass – wie es bei Königin Elizabeth II. im Mai 1969 der Fall war – ein ganzes Stockwerk als Einheit zur Verfügung stehen kann.

Die Queen war im Vorfeld ihres Staatsbesuchs dennoch »not amused«, dass sie – sozusagen wie Krethi und Plethi – in einem Hotel nächtigen musste, weil sie ansonsten in offiziellen Staatspalästen abzusteigen pflegt. Da Österreich über einen solchen nicht verfügt, blieb Her Majesty nichts anderes übrig, als mit dem Imperial vorliebzunehmen, das die damals 43-jährige Monarchin dann bei der Abreise als »schönstes Hotel, in dem ich je gewohnt habe«, bezeichnete.

Königliches Wasser für den königlichen Tee

Mit Elizabeth II. waren Prinz Philip und Tochter Anne im Imperial abgestiegen, die wie auf allen ihren Reisen Wert darauf legten, dass das Wasser für ihren Tee in eigens für sie abgefüllten Flaschen aus London mitgebracht würde. Ihre Kammerdiener kamen dieser royalen Anweisung selbstverständlich nach, wie mir Frau Elisabeth Denetz, die seinerzeitige Direktionsassistentin im Imperial erzählte, die heute noch eine Flasche »stillen« Mineralwassers besitzt, deren Etikett mit den Worten beschriftet ist: »By Appointment To Her Majesty The Queen«, auf gut Deutsch: »Nach Vereinbarung für die Königin«. Im Hotel Imperial, so Frau Denetz, nahm man den Wunsch der Queen, ausschließlich das mitgebrachte Wasser zu verwenden, untertänigst zur Kenntnis, kümmerte sich aber nicht weiter drum, sondern kochte das Leibgetränk der Majestäten mit dem bewährten Wiener Hochquellwasser auf. Queen samt Anhang haben nichts davon bemerkt, Frau Denetz aber hat sich zur Erinnerung an den hohen Besuch eine solche Flasche aufgehoben.

Noch überraschender erscheint mir die zweite Geschichte, die mir Frau Denetz anvertraute: Als sie während des Aufenthalts der Royals das Badezimmer der Queen betrat, konnte die Direktionsassistentin beobachten, wie Königin Elizabeth am Waschbecken stand und ihre Leibwäsche persönlich wusch.

Wer hätte das gedacht!

Weitere prominente Gäste waren Schah Reza Pahlevi von Persien, der spanische König Juan Carlos, Ägyptens Präsident Anwar as-Sadat, die Weltstars Liz Taylor und Richard Burton, Yul Brynner, Sophia Loren, Gregory Peck, Barbra Streisand, Woody Allen, Louis Armstrong sowie Alfred Hitchcock, der sich in den Weiten einer Imperial-Suite dermaßen verirrte, dass er seine Frau nicht mehr fand. »Ich habe sie dann später«, erklärte der Meisterregisseur, »glücklicherweise hinter einer Säule wiederentdeckt.«

Fünftausend Euro für die Fürstensuite

Während Staatsoberhäupter im Imperial als Gäste der Republik verweilen, zahlen ganz normale Millionäre pro Nacht in der Fürstensuite bis zu fünftausend Euro.

Ohne Frühstück.

Geschäfte mit der Mafia
Frank Sinatra und das Sands Hotel, Las Vegas

Bizarrer hätte die Situation nicht sein können. Stars wie Sidney Poitier, Nat King Cole, Ella Fitzgerald, Diana Ross und Sammy Davis Jr. wurden in den 1960er-Jahren in den USA zwar angehimmelt, doch sie durften in den Hotels, in denen sie vor jubelndem Publikum auftraten, kein Zimmer mieten. Weil sie schwarz waren. Auch im legendärsten aller Hotels in der von Spielhöllen beherrschten Wüstenstadt Las Vegas war es nicht anders.

Wie das Sands zu seinem Namen kam

Gemeint ist das Sands Hotel, das 1952 vom Ölmagnaten Jake Freedman errichtet wurde. Es sollte ursprünglich Holiday Inn heißen, doch als Bing Crosby eines Tages die Baustelle betrat und sich beklagte, dass seine Socken voller Sand wären, beschloss Freedman, es »Sands« zu nennen.

Das am Las Vegas Strip gelegene Hotel war sofort eine Attraktion, schon am Eröffnungstag kamen 12 000 Besucher, um an den Spieltischen ihr Glück zu suchen – und zu finden, denn das Casino verlor an diesem Abend innerhalb von acht Stunden 200 000 Dollar. Eine bessere Publicity zum Start hätte das Sands nicht haben können.

Weltweite Berühmtheit erlangte das Hotel, als Frank Sinatra, Sammy Davis, Dean Martin, Peter Lawford und Joey Bishop nach den Dreharbeiten zu *Ocean's Eleven (Frankie und seine Spießgesellen)* von der Geschäftsführung des Sands engagiert wurden. Sie kamen ab 1960 inklusive »der schönsten Girls der Welt« zu regelmäßigen Showauftritten in den Copa Room des Hotels – benannt nach dem Copacabana Club in New York. Die Darbietungen, in denen gesungen, aber sehr oft auch jenseits des guten Geschmacks geblödelt wurde, wurden zu Meilensteinen in der Geschichte von Las Vegas und zur Geburtsstunde des *Rat Pack*, der »Rattenmeute«, ein Ausdruck, den Lauren Bacall geprägt haben soll. Sinatra & Friends erhielten für ihre Abende die damalige Traumgage von 25 000 Dollar pro Woche, und es dauerte nicht lange, bis auch Judy Garland, Lena Horne, Shirley MacLaine und Marlene Dietrich im Sands auftraten.

Wer aller im Sands Hotel auftrat

Bald holte sich Sands-Besitzer Jake Freedman einige Kompagnons mit ins Boot – unter ihnen die Mafiabosse Meyer Lansky und Frank Costello, aber auch Frank Sinatra, dessen Anteile im Lauf der Zeit zwischen zwei und neun Prozent betrugen. Sinatra, selbst ein begeisterter Baccaraspieler, wird nachgesagt, dass er seine Gewinne am Spieltisch sofort einsteckte, für seine Verluste jedoch nicht immer aufzukommen bereit war. Geschäftsführung und Mafia ließen ihn gewähren, weil seine Auftritte für das Sands von existenzieller Bedeutung waren.

Das Sands und die Mafia

»Über seine Kontakte zur Unterwelt gab und gibt es viele Spekulationen«, schreibt Johannes Kunz in seiner Frank-Sinatra-Biografie. »Gesichert ist wohl, dass er einzelne ominöse Figuren persönlich gekannt hat ... Das wesentliche Faktum ist freilich, dass diverse Ermittlungen auf Bundesebene wie auf lokaler Ebene in den USA keine Beweise für irgendeine Beteiligung Sinatras an kriminellen Machenschaften erbracht haben.«

Sinatra steht zu seinen Freunden

Und noch eins muss man dem »König von Las Vegas«, wie er genannt wurde, bei aller Nähe zu suspekten Figuren lassen: Sinatra stand zu seinen Freunden, egal welcher Religion, Hautfarbe oder sexueller Ausrichtung sie angehörten. Auch Sammy Davis musste die Hotels, in denen ihm Tausende Fans zujubelten, nach der Show durch die Hintertür verlassen – weil er als Gast in »White only«-Herbergen unerwünscht war. Für Schwarze gab es in jenen Tagen, selbst wenn sie Weltstars waren, eigene »Nigger«-Unterkünfte und -Restaurants. Doch Sinatra weigerte sich, in Quartieren zu nächtigen, in denen sein Freund Sammy oder andere Schwarze nicht eingelassen wurden. Sammy Davis Jr. nahm anfangs in einem Wohnwagen auf dem Parkplatz hinter dem Sands sein Quartier, bis »Frankieboy« dafür sorgte, dass sich das änderte.

Harry Belafonte am Roulettetisch

Als Nat King Cole 1955 im Sands gastierte, bemerkte Sinatra, dass er seine Mahlzeiten nie im Speisesaal einnahm, sondern alleine in einem abgelegenen Garderobenraum. Frank Sinatra erfuhr, dass es »Coloured People« nicht gestattet war, mit Weißen zu essen. Er lud Nat King Cole daraufhin am nächsten Abend ein, mit ihm an seinem Tisch zu sitzen. Harry Belafonte missachtete von sich aus eine andere Vorschrift und war »der erste Schwarze, der im Sands Hotel am Roulettetisch saß und spielte«.

Durch ihre
Auftritte wurde
das Sands Hotel
legendär: das
Rat Pack Peter
Lawford, Frank
Sinatra, Sammy
Davis Jr., Dean
Martin

Zu einer weiteren »Revolution« kam es 1958 im Sands, als Sammy Davis Jr. den Hoteldirektor wissen ließ, dass er nur dann auftreten würde, wenn es seinem Vater und seinem Onkel – entgegen der Hotelordnung – gestattet würde, im Publikum zu sitzen. Dem Direktor blieb nichts anderes übrig als nachzugeben, weil andernfalls die ausverkaufte Sammy-Davis-Show gefährdet gewesen wäre.

Der erste schwarze Kellner

Solche »Sondergenehmigungen« galten nach wie vor nur für Prominente und ihre Angehörigen, denn »normale« Afroamerikaner durften sich noch immer nicht in »White only«-Hotels aufhalten. Der Wandel kam, als Frank Sinatra und Sammy Davis 1961 in der Lobby des Sands beobachteten, wie einem schwarzen Ehepaar von einem Sicherheitsmann der Eintritt verwehrt wurde. Sinatra behauptete, dass das Paar seine persönlichen Gäste wären, dann rief er den Hoteldirektor an und erklärte ihm die Unmöglichkeit der Situation. Tatsächlich fiel am nächsten Tag im Sands Hotel das Eintrittsverbot für Afroamerikaner, und es wurden auch zum ersten Mal schwarze Kellner aufgenommen.

Sammy Davis wird ausgeladen

Übrigens hätte John F. Kennedy, der sich intensiv für die Integration der Schwarzen einsetzte, 1961 seinen Wahlhelfer Sammy Davis Jr. bei der von Frank Sinatra und Peter Lawford organisierten Gala zu seiner Amtseinführung als US-Präsident im Capital Hilton Hotel in Washington gerne dabei gehabt – doch war eine solche Einladung dort immer noch undenkbar, wie sich Sammy Davis erinnerte: »Peter Lawford rief mich an. Sam, ich weiß, du verstehst das. Dem Präsidenten sitzen diese konservativen Südstaatler im Nacken und er meint, es könnte Stunk geben, wenn du dabei bist.« Sammy Davis blieb der Feier fern, hat aber die Kränkung nie verwunden. Angeblich soll John F. Kennedys Vater Joseph hinter der »Ausladung« gestanden sein.

Mitte der 1960er-Jahre kaufte der US-Milliardär Howard Hughes sieben Hotelcasinos in Las Vegas, darunter für 14,6 Millionen Dollar das Sands, das er aufwendig renovieren und zu einem 500-Betten-Turm ausbauen ließ, der zum neuen Wahrzeichen der Spielmetropole im Bundesstaat Nevada wurde. Hughes ärgerte sich über jeden Auftritt des *Rat Pack*, da er Frank Sinatra hasste, der ihm einst Ava Gardner ausgespannt und sie danach geheiratet hatte. Hughes gab den Auftrag, dass Sinatra als Casinospieler des Sands pro Nacht nur noch über einen Kredit von 3000 Dollar verfügte, während sein Limit unter dem früheren Management unbegrenzt war. Inzwischen von Ava Gardner geschieden, war Sinatra jetzt mit Mia Farrow verheiratet, die eines Abends im Sands mehr am Spieltisch verlor, als Sinatra gewährt wurde. Es kam zu einer Auseinandersetzung, die als Schlägerei endete, nach der »Ol' Blue Eyes« nicht mehr im Sands auftrat, solange es Howard Hughes gehörte – dafür aber im Konkurrenzbetrieb Caesars Palace.

Howard Hughes kauft das Sands

Die Folge war der tiefe Fall des Sands, das ab den 1980er-Jahren immer wieder in andere Hände gelangte, mit den neuen Superspielstätten von Las Vegas aber nicht mehr mithalten konnte. 1996 schlug die letzte Stunde des einstigen Wahrzeichens der Wüstenstadt, das Sands wurde abgerissen und durch das 1,5 Milliarden-Dollar-Megaressort The Venetian ersetzt.

Die letzte Stunde eines Wahrzeichens

»Verliebt bis zum Wahnsinn«
Arthur Schnitzler im Thalhof, Reichenau

Arthur Schnitzler
(1862–1931), Arzt
und Schriftsteller,
einer der bedeu-
tendsten Vertreter
der Wiener
Moderne

Man hatte mich zu einer Lesung aus eigenen Werken in den Thalhof gebeten. Die heutigen Betreiber möchten mit dem einstigen Grandhotel in Reichenau an der Rax zu dessen Wurzeln zurückkehren, weshalb sie Theateraufführungen – und eben auch Lesungen – veranstalten. Der Platz, das Ambiente und die Atmosphäre sind einzigartig, logierten hier doch nicht nur die kaiserliche Familie und die Wiener Gesellschaft, sondern auch Dichter von Raimund und Nestroy bis Peter Altenberg und – Arthur Schnitzler.

Schnitzler und der Thalhof, das ist freilich ein Kapitel für sich. Es beginnt im April 1886 in Meran, wo Olga Waissnix, die junge und schöne Frau des Thalhof-Eigentümers Carl Waissnix, wegen einer beginnenden Lungenerkrankung zur Kur weilt. Ebenfalls in Meran – und wie Olga im Hotel Tirolerhof untergebracht – kurt zeitgleich der 24-jährige Arthur Schnitzler, der im Jahr davor zum Doktor der Medizin promoviert wurde und sich jetzt auf Anraten seines Arztes wegen einer Lymphdrüsengeschwulst nach Meran begeben hat.

92

Arthur und die gleichaltrige Olga kennen einander, wenn auch nur flüchtig, von einem Aufenthalt Schnitzlers im Thalhof, wo sie kaum ein Wort miteinander gewechselt haben. In der Abgeschiedenheit und im geteilten gesundheitlichen Leid kommen sie einander jedoch näher, mehr noch, eine feurige Liebe entbrennt, die durch eine sich über sieben Jahre hinziehende Korrespondenz und durch Schnitzlers Tagebucheintragungen dokumentiert ist. »Dieser Aufenthalt in Meran«, notiert er am 12. April 1886, »ist für mich gleichbedeutend mit der Erinnerung an das süßeste und traurigste, was mein Herz bisher ausgestanden.«

Es ist Olga, die die ersten Zeichen der Zuneigung zeigt. »Finden Sie nicht, dass wir in fast allen Dingen die gleichen Ansichten haben?« fragt sie ihn schon nach wenigen gemeinsamen Mittag- und Abendessen im Speisesaal des Kurhotels. Als sie das Thema Aberglauben diskutieren, verrät er, dass er der Zahl 26 magische Kräfte zuschreibe. Wie's der Zufall will, wohnt sie auf Zimmernummer 21 und er auf 5. Sie schauen einander an und fühlen sich auf das Innigste verbunden. »Es wurde kaum etwas zwischen uns gesprochen, und doch empfanden wir damals bereits beide, was wir uns zu werden begannen«, lautet Schnitzlers Eintrag im Tagebuch.

Die Situation ist schwierig. Olga, geb. Schneider, Tochter eines reichen Weinhändlers und Restaurantbesitzers aus Bad Vöslau, wurde als Sechzehnjährige von ihren Eltern in die Vernunftehe mit dem wohlbestallten Hotelier Carl Waissnix gedrängt. Sie empfindet keinerlei Gefühle für ihren Mann, der sie abgöttisch liebt und immer wieder

Eine feurige Liebe entbrennt

Olga Waissnix (1862–1897), Hoteliergattin, Schnitzlers erste Muse

rasende Eifersucht zeigt, wenn sich ihr ein Gast im Thalhof auch nur aus großer Entfernung nähert. Der Dichter Peter Altenberg war schon wegen eines harmlosen Handkusses von Herrn Waissnix des Hauses verwiesen worden, Schnitzler sollte es – wenn auch bei weniger harmlosen Berührungen – nicht anders ergehen. Einmal droht der Hotelier dem jungen Arzt sogar, ihn umzubringen, doch Schnitzler spielt ihm eine Komödie der Unschuld vor und kann den Ehemann beruhigen.

Man tauscht leidenschaftliche Küsse

Olga hat Carl Waissnix drei Söhne geschenkt und ihm die ewige Treue geschworen. Da sie sich diesem Schwur verpflichtet fühlt, muss die Beziehung mit Schnitzler platonisch sein. Man bleibt per Sie, kommt einander jedoch beim Walzertanzen nahe, unternimmt gemeinsame Ausflüge, tauscht leidenschaftliche Küsse – mehr nicht. Olga ist sich der Unmöglichkeit der verbotenen Begierde bewusst und fragt Arthur: »Wollen Sie diese Freundschaft annehmen?«

Der haucht leise »Ja« – wohl in der trügerischen Hoffnung, dass doch mehr draus wird. Eine gemeinsame Bahnfahrt bestärkt ihn darin, während der die beiden Liebenden Zärtlichkeiten und endlos lange Küsse austauschen. Schnitzler ist zu diesem Zeitpunkt noch kein Dichter – das Abenteuer mit Olga wirkt fast wie die Vorwegnahme späterer literarischer Fantasien.

Begegnung im Prater

Zu erkennen auch im nächsten Akt, als sie einander zufällig im Prater begegnen. Sie fährt mit einer Kutsche an ihm vorbei, er wirft ihr wortlos eine Blume in den Schoß, sie ihm eine weiße Rose. Außer sich vor Freude, notiert Schnitzler: »Möchte vergehn vor Sehnsucht – sehe immer sie – und nur sie vor mir – wälze mich auf dem Sopha hin und her – möchte stöhnen vor Schmerz ... Dabei eine entsetzliche Unruhe, dass sie vielleicht in diesem Moment denkt – Ich habe mich getäuscht – er ist mir nichts – Ich kann nichts thun, nichts geordnet denken – ich bin ein Narr! Verliebt bis zum Wahnsinn.«

Nach dem überraschenden Wiedersehen kehrt Dr. med. Schnitzler mehrmals in Reichenau ein, wobei die Momente des Glücks selten und von kurzer Dauer sind, weil der argwöhnische Ehemann jederzeit hinter einer Ecke seines Hotels hervorkommen kann – und das auch tatsächlich der Fall ist. Olga unternimmt nach einem Eifersuchtsanfall Carls einen Selbstmordversuch mit einer Überdosis Morphium und flüstert – wieder genesen – dem Freund während eines Abendspaziergangs zu: »Süßer Arthur ... ich liebe Sie – ich vergöttere Sie!«

»Süßer Arthur ... ich liebe Sie – ich vergöttere Sie!«

Schnitzler verfasst ein »Festspiel«, das am 4. September 1886 im Thalhof zu Ehren des 25. Geburtstags einer englischen Hotelbesucherin aufgeführt wird. Olga Waissnix und Arthur selbst treten darin auf, und der angehende Poet nützt die Vorstellung zu mehrtägigem Verbleib, von dem wieder verschämte Berührungen und ein verstohlener Kuss – diesmal in der Hotelkanzlei – überliefert sind.

Der Thalhof wurde erstmals im Jahre 1652 als Landgut erwähnt und geriet zu Beginn des 19. Jahrhunderts durch Einheirat in den Besitz des Mühlenbesitzers Ignatz Waissnix – er war der Großvater von Olgas Ehemann Carl. Er erkannte den aufkommenden Tourismus als zukunftsträchtigen Geschäftszweig und baute den großen Gebäudekom-

Der Tourismus im Rax- und Schneeberggebiet

plex zu einer erstrangigen Fremdenverkehrsattraktion mit
höchstem Komfort aus. Schon in der Biedermeierzeit
zählte der Betrieb zu den Spitzenhotels im Rax- und Schneeberggebiet, seit 1853 waren die Waldgebiete um Reichenau
den Allerhöchsten Jagden vorbehalten, sodass Kaiser Franz
Joseph und später auch Kronprinz Rudolf gerne in die
beliebte Sommerfrische kamen und im Thalhof abstiegen.

Zu den prominenten Gästen des Grandhotels zählten
auch Theodor Herzl, der »Vater« des Staates Israel, Gustav
Pick, der Schöpfer des Wiener Fiakerliedes, die Baronin
Helene Vetsera mit ihrer später so tragisch aus dem Leben
geschiedenen Tochter Mary, die Burgschauspieler Josefine
Wessely und Adolf von Sonnenthal sowie die spätere Frie-
densnobelpreisträgerin Bertha von Suttner.

Wenn Kaiser Franz Joseph und Kronprinz Rudolf zur Jagd in den Waldgebieten um Reichenau weilten, stiegen sie im Thalhof ab.

Bei einem weiteren Aufenthalt im Thalhof steckt Schnitzler der Geliebten, sodass niemand es sehen kann, ein Brief-
lein zu. »Ich muss Sie wieder sehen, ich muss«, schreibt er.
»Ahnen Sie, wie ich Sie liebe? Wie ein Rasender ... Es exis-

tiert nichts auf der Welt als Sie, Sie sind Alles, ein Engel, mein Gift – ein süßes Gift! Was mich fesselte, verschwimmt. Ich muss Sie wieder sehen.« Doch das zu organisieren ist schwer, meist unmöglich. Wenigen Begegnungen folgen lange Zeiten der Trennung, in denen ein heftiger – aus insgesamt zweihundert Briefen bestehender – Schriftverkehr einsetzt. Keine Frage: Olga ist Schnitzlers erste Muse.

Bei aller Liebe schafft es Arthur Schnitzler jedoch nicht, der Angebeteten treu zu sein. Schon im ersten Jahr der Romanze hat er mehrere Affären, die im Tagebuch allesamt namentlich aufgezählt werden: die angehende Sängerin Helene Kanitz, die süße Malvine, eine Gisela, die Französin Lina, die Schauspielerin Mizi Glümer sowie Jeanette Heeger, die als »süßes Mädel« Literaturgeschichte schreiben wird. Arthur informiert Olga, die sich dessen bewusst ist, als verheiratete Frau in einer »metaphysischen Freundschaft«, wie sie die Beziehung nennt, über keinerlei Rechte zu verfügen.

In dieser Zeit beginnt Schnitzler als Sekundararzt im Wiener Allgemeinen Krankenhaus – und er erkennt, dass die medizinische Karriere nicht sein Weg ist: Er spürt die Berufung zur Dichtkunst, immer die Angst vor der väterlichen Autorität im Nacken: »Papa* will nicht«, schreibt er Olga am 16. September 1887, »dass ich meine novellistischen Erzählungen unter meinem Namen veröffentliche, keiner würde mich dann als Arzt ernst nehmen.« Gleichzeitig schickt Arthur frühe Zeugnisse seiner Dichtkunst nach

Olga ist die erste, die Schnitzlers Dichtkunst kennenlernt

---

* Schnitzlers Vater war der prominente Laryngologe Professor Johann Schnitzler (1835–1893).

Reichenau, will Olgas Meinung hören. Und sie erkennt den sich stetig steigernden Reifeprozess des jungen Genies, ist zu einer Zeit von seiner Schaffenskraft beeindruckt, da niemand sonst davon weiß.

Schnitzlers erste Muse:
Olga Waissnix, die Frau
des Thalhof-Hoteliers

Der Literaturpapst Marcel Reich-Ranicki urteilte achtzig Jahre später, als die Korrespondenz zwischen Arthur und Olga veröffentlicht wurde, in der von ihm erwarteten Schärfe: »Ihr Intellekt mochte fragwürdig sein, aber ihre Intuition, ihr Feingefühl, ihr Takt waren makellos. So konnte sie ihm jenes Echo bieten, an dem er sich in der Tat wie ein Kind ergötzte, so wurde sie zum ›unsichtbaren Gegenpart‹ seiner frühen Jahre. Sofort spürte sie, dass dieser Wiener Bonvivant, der sich so weltgewandt gab, in Wirklichkeit noch sehr unsicher war, an schweren Komplexen litt und nach Anerkennung und Selbstbestätigung geradezu schmachtete. Olga blieb ihm in dieser Hinsicht nichts schuldig.«

Auch sie findet sich – wie viele andere der von Schnitzler Angebeteten – in seinem Schaffen wieder. Im *Anatol*-Zyklus als Gabriele in den *Weihnachtseinkäufen* und in seinem ersten, 1888 verfassten Theaterstück *Die Liebe seines Lebens* (als die er Olga damals sieht); weiters tritt sie indirekt in *Liebelei* und als Genia Hofreiter im *Weiten Land* auf. Der Wiener Literaturkritiker Hans Weigel ging in seiner Annahme so weit, dass die fünftägige Begegnung in Meran »bestimmend für das Gesamtwerk Arthur Schnitzlers« gewesen sei und er ohne die Liebe zu Olga Waissnix »vielleicht kein Schriftsteller, gewiss nicht der Schriftsteller geworden wäre«.

Doch die Liebe zur Thalhof-Wirtin hält, wie zu erwarten, den Abenteuern, in denen er seine Sexualität ausleben kann, nicht stand. Bei Olga dauert die Leidenschaft länger. So wird, als sie im April 1891 in Wien ist, ein gemeinsamer Spaziergang durch den Belvederepark vereinbart, bei dem sie ihm gesteht: »Man kann einen Menschen nicht mehr lieben als ich Sie ... Sagen Sie mir, dass Sie mich lieben. Und ich sagte ihr: ›Ich bete Sie an!‹ Warum eigentlich? Sie ist mir doch eigentlich jetzt beinahe gleichgültig. – Nur Mizi« [Günter, Anm.]

Aus der unbefriedigten Liebe wird eine Freundschaft ohne erotische Komponente. Einmal küsst ihn Olga mit glühender Leidenschaft, doch er spürt »nichts, nichts, nichts«. Auch die Brieffreundschaft kühlt ab, ruht mehr als ein Jahr, wird dann wieder aufgenommen und hält schließlich bis zu Olgas frühem Tod an. Während er bis zuletzt

Schnitzlers Liebe schwindet

von den geistreichen Gesprächen mit ihr schwärmt, gesteht sie ihm viel emotionaler: »Sie waren doch das Schönste in meinem Leben!«

Am 27. September 1897 stattet Arthur Schnitzler der einst heiß Geliebten in ihrem Elternhaus in Bad Vöslau seinen letzten Besuch ab. Er notiert in sein Tagebuch, dass er ihr viel erzählt habe und »dabei sprangen bei uns beiden oft wieder die Funken hervor«. Olga stirbt fünf Wochen später, am 4. November, im Alter von 35 Jahren an einer Sepsis.

Er heiratete eine andere Olga, die Schauspielerin Olga Gussmann – wurde mit ihr aber nicht glücklich: Arthur Schnitzler

Sie hat den Beginn von Schnitzlers Aufstieg miterlebt, nicht jedoch den Ruhm des bedeutendsten und erfolgreichsten Dramatikers seiner Zeit.

Im Jahr 1903, sechs Jahre nach Olgas Tod, heiratet Schnitzler – eine andere Olga: die Schauspielerin Olga Gussmann, die ihm zwei Kinder schenkt, mit der er aber nicht glücklich wird.

Man hatte mich vor meiner Lesung im Thalhof gebeten, auch ein wenig über Olga Waissnix und Arthur Schnitzler zu erzählen. Ich schmökerte in der reichhaltigen Bibliothek des Kurhotels, wo sich natürlich reichlich Literatur über die beiden romantischen Figuren dieses schönen Ortes findet. Und so kam es, dass mich meine Lesung im Thalhof dem Liebespaar Olga Waissnix-Arthur Schnitzler näher brachte, als ich es mir je vorstellen hätte können.

Ein rätselhafter Tod
Gustaf Gründgens stirbt im Manila Hotel

Er kannte sein Leben lang nichts anderes als Theater zu spielen und Filme zu drehen. Im Herbst 1963 trat der vielfach als bedeutendster deutscher Schauspieler, Regisseur und Theaterleiter bezeichnete Gustaf Gründgens als Intendant des Hamburger Schauspielhauses zurück und wollte die neu gewonnene Zeit nützen, um »leben zu lernen«, wie er es in seinem letzten Interview ausdrückte. »Ich habe in den letzten dreißig Jahren vergessen zu leben, jetzt will ich das auf einer Weltreise nachholen.«

Doch das neue Leben brachte – den Tod. Gustaf Gründgens war erschöpft und ausgelaugt von jahrzehntelanger Arbeit vor und hinter den Kulissen. Die Weltreise war auf drei Monate konzipiert, in denen er von Neapel über Port Said und Singapur nach Manila flog. Von dort sollte es weitergehen über Hongkong, Tokio, Honolulu, Los Angeles, Mexiko City, Acapulco, Jamaica und Miami bis New York und dann rechtzeitig vor Weihnachen zurück nach Hamburg. Freilich fand die Reise in der philippinischen Hauptstadt ein abruptes Ende: Gustaf Gründgens stirbt im Manila Hotel an einer Überdosis Schlafmittel. Der plötzli-

Gustaf Gründgens (1899–1963), deutscher Schauspieler, Regisseur und Intendant

101

»Ich habe in den letzten dreißig Jahren vergessen zu leben«: Gustaf Gründgens in einem Interview kurz vor seinem Tod

che Tod des 63-jährigen Theaterstars in seinem Hotelzimmer ließ Rätsel offen und regte Gegner wie Anhänger zu Spekulationen an.

Gründgens hat noch viele Pläne

Der Schauspieler hatte sich für die Zeit nach seiner Rückkehr viel vorgenommen. Das Wort »Pension« kannte Gründgens nicht, und so sollte ihm die Weltreise zu neuen Kräften verhelfen, um danach eine mehrmonatige Tournee mit Hermann Bahrs *Konzert* folgen zu lassen, anschließend war noch eine Inszenierung am Wiener Burgtheater, ein *Faust*-Gastspiel in Japan und eine Auftrittserie in seiner großen Altersrolle, als König Lear, geplant.

Begleitet wird Gründgens auf der Weltreise von dem Regieassistenten Jürgen Schleiss, seinem 25-jährigen Lebensgefährten. Sie landen am 6. Oktober 1963, mit dem Flugzeug aus Singapur kommend, in Manila und beziehen ein Zimmer im besten Hotel der Stadt.

Das Fünf-Sterne-Manila Hotel, auch »The Aristocrat of the Orient« genannt, ist ein klassischer Luxusaltbau, der 1912 eröffnet wurde. Die Planung des palaisartigen Gebäudes mit seinen 570 Zimmern hatte von Anfang an das Ziel, größer und pompöser zu sein als der nahe Malacañang-Palast, der offizielle Wohn- und Arbeitssitz des philippinischen Präsidenten.

Im Penthouse des an der Manila Bay gelegenen Hotels befand sich gegen Ende der amerikanischen Kolonialzeit die Residenz des legendären Generals Douglas MacArthur, seines Zeichens US-Militärberater der philippinischen Regierung in den Jahren 1935 bis 1941. Nach dem Zweiten Weltkrieg war MacArthur dann Oberkommandierender der Alliierten Mächte in Japan, ehe er 1948 für die Republikaner bei den amerikanischen Präsidentschaftswahlen antrat. Er zog seine Kandidatur jedoch wieder zurück, als er in Wisconsin nicht die Stimmenmehrheit erreichte. Gewonnen hat der Demokrat Harry S. Truman, der MacArthur drei Jahre später wegen unterschiedlicher militärpolitischer Auffassungen als General absetzte.

Im Manila Hotel residierte der legendäre General MacArthur

Während der Diktatur unter Ferdinand Marcos stand das Manila Hotel unter der Aufsicht der philippinischen Regierung und diente vor allem der Repräsentation für die »First Lady« Imelda. Wenn sie im Haus war, mussten in den von ihr frequentierten Räumlichkeiten rote Teppiche gespannt werden und der Weg, den sie beschritt, wurde vor ihrem Auftreten mit Deodorant besprüht.

Die Jahre nach dem Zweiten Weltkrieg waren für Gustaf Gründgens die wohl schwersten seines Lebens, da er während der nationalsozialistischen Herrschaft in Deutschland die Karriereleiter ganz nach oben geklettert war und als prominenter Künstler zur Salonfähigkeit des Dritten Reichs beigetragen hatte. Er brachte es in der Zeit des Schreckensregimes zum Intendanten des Staatlichen Schauspielhauses Berlin, war Staatsschauspieler, Preußischer Staatsrat und wurde von Goebbels in die Liste der »gottbegnadeten Schauspieler« aufgenommen. 1940 drehte Gründgens den NS-Propagandafilm *Ohm Krüger*.

Gründgens als Lebensretter

Obwohl in zweiter Ehe mit der Schauspielerin Marianne Hoppe verheiratet, war seine Homosexualität selbst während der Hitlerdiktatur ein offenes Geheimnis. Er wurde deshalb, aber auch infolge seiner nicht immer ganz regimekonformen Inszenierungen in all den Jahren von Reichsmarschall Hermann Göring geschützt.

1945 erfolgte die Internierung des NS-Profiteurs Gründgens in dem in der sowjetischen Besatzungszone gelegenen Straflager Jamlitz. In einem Entnazifizierungsverfahren sagten dann aber jüdische, linke und homosexuelle Kollegen aus, dass der Intendant ihnen geholfen und einigen die Ausreise ermöglicht hätte. Der von der Gestapo 1943 wegen »Vorbereitung zum Hochverrat« verhaftete Schauspieler Ernst Busch erklärte sogar, Gründgens hätte ihn durch eine Intervention bei Göring vor dem Galgen gerettet.

Gründgens wurde nach einem Jahr aus der Haft entlassen und konnte seine Karriere als Theaterleiter, Regisseur und Schauspieler fortsetzen. Und die Faszination, die er auf sein Publikum ausübte, war ungebrochen. Als Darsteller des Mephisto, des Hamlet und des Philipp in Schillers *Don Carlos* bezeichneten ihn selbst seine Gegner als unerreicht.

Gustaf Gründgens macht sich am Abend des 6. Oktober 1963 in seinem Zimmer im Manila Hotel zum Schlafengehen zurecht. Jürgen Schleiss betritt die Suite erst nach Mitternacht und findet den Freund leblos, mit dem Gesicht am Boden des Badezimmers. Im Waschbecken liegt eine leere Tablettenschachtel des Schlafmittels *Nembutal*. Auf einen Briefumschlag des Hotels hat Gustaf Gründgens die Worte gekritzelt: »Ich habe glaube ich zu viel Schlafmittel

Die Lobby des Manila Hotels, »The Aristocrat of the Orient«, in dem Gustaf Gründgens starb

genommen, mir ist ein bisschen komisch. Lass mich ausschlafen. G.«

Gründgens war sich also bewusst, dass er eine zu hohe Dosis genommen hatte. Auf eine selbstmörderische Absicht deutet jedoch nichts hin. Es ist schwer vorstellbar, dass der Schauspielstar freiwillig aus dem Leben schied, dafür hatte er zu viele Pläne geschmiedet.

Vor Antritt der Weltreise hatte sich Gründgens in einer Hamburger Klinik einer komplizierten Zahnbehandlung unterzogen, während der er die Nähe des Neurologen Michael Winzenried suchte. Dieser analysierte, als er von Gründgens' Ableben erfuhr: »Der Tod traf ihn unvorbereitet, wenn auch ständig erwartet. Er überraschte ihn zu einer ungewohnten Zeit an einem fremden Ort, am von seiner Heimat entferntesten Punkt, wo dieser Meister der deutschen Sprache sich in einer Sprachnot befand. Den erquickenden Schlaf suchend, gewöhnte Mittel in erprobter Dosis angewandt, wollte er dem Monsun und der Einsamkeit für Stunden entfliehen. Aber der Körper gehorchte nicht dem gewohnten Maß; die Achillesferse dieses athletischen Körpers, seine Blutgefäße, erbrechen sich in den Magen mit der Gewalt eines Blutsturzes. Den Tod vielleicht ahnend, versuchte er die Katastrophe zu steuern und stürzte einsam, ohne Beistand auf das gezeichnete Gesicht.«

Klaus Mann, mit dessen Schwester Erika Gründgens in erster Ehe (von 1926 bis 1929) verheiratet war, setzte seinem früheren Schwager mit dem Roman *Mephisto*, in dem er einen deutschen Opportunisten darstellt, ein Denkmal. Der Dichter beschreibt ihn als den faszinierenden, aber gewissenlosen Charakterschauspieler Hendrik Höfgen, der sich blind vor Eitelkeit von den Nationalsozialisten instrumentalisieren lässt. István Szabós Oscar-gekrönte Verfilmung des Stoffs mit Klaus Maria Brandauer in der Hauptrolle trug zur weiteren Verbreitung der für das 20. Jahrhundert bezeichnenden Lebensgeschichte bei.

Die Nachricht vom Tod Gustaf Gründgens' verbreitet sich wie ein Lauffeuer. In der deutschen Boulevardpresse werden Spekulationen laut, ob es Mord, Selbstmord oder ein Unfall gewesen sei; noch lange wird über den Tod des Theatermannes gerätselt. Dem offiziellen Bericht der Polizei von Manila zufolge waren starke Magenblutungen aufgetreten, als Todesursache wird das Versagen des Herz- und Atmungszentrums genannt. Eine Analyse des Mageninhalts ergab Spuren von Barbiturat. Der seit Jahren auf Schlafmittel angewiesene Schauspieler war sich offenbar der verstärkten Wirkung des erhöhten Medikamentenkonsums im tropischen Klima der Philippinen nicht bewusst.

Mord, Selbstmord oder doch ein Unfall?

John Jacob Astor *auf der* Titanic
Der Mann, der das Waldorf Astoria schuf

Er war einer der reichsten Männer seiner Zeit und hatte das berühmteste Hotel der Welt erschaffen. Doch sein Leben konnte er mit all seinem Geld und seinen Besitzungen nicht retten. John Jacob Astor IV. war einer der 2200 Passagiere, die im Frühjahr 1912 auf der *Titanic* von Southampton nach New York unterwegs waren.

John Jacob Astor IV. (1864– 1912), US-amerikanischer Hotelier mit deutschen Vorfahren

John Jacob Astor entstammte einer ursprünglich deutschen Familie, die im Städtchen Walldorf bei Heidelberg in Baden-Württemberg beheimatet war. Sein Urgroßvater Johann Jakob Astor war gegen Ende des 18. Jahrhunderts als Sohn eines mittellosen Metzgers nach Amerika ausgewandert, wo er es durch Pelz- und später durch Immobilienhandel zu großem Wohlstand brachte.

Sein Urenkel John Jacob Astor IV. kam 1864 im Bundesstaat New York zur Welt. Er besuchte die Harvard Universität und reiste zur Erweiterung seines Horizonts um die Welt, um eines Tages das Familienvermögen übernehmen und verwalten zu können. In jungen Jahren sowohl als Schriftsteller als auch als Erfinder erfolgreich, machte er sich durch den Roman *A Journey In Other Worlds* und durch die Konstruktion von Turbinen und Fahrradbremsen einen Namen.

Aus seiner ersten Ehe mit Ava Lowle Willing gingen ein Sohn und eine Tochter hervor. Vier Jahre nachdem sein Cousin William Waldorf Astor 1893 das Hotel Waldorf in New Yorks vornehmer Fifth Avenue baute, errichtete John Jacob das auf dem Nebengrundstück gelegene Astoria Hotel. Obwohl William und John Jacob infolge dieses einzigartigen Affronts heillos zerstritten waren, beschlossen sie, um einander nicht gegenseitig zu ruinieren, mithilfe einer Heerschar von Anwälten, die Beherbergungsbetriebe Waldorf

Die Cousins Waldorf und Astor vereinten die einander benachbarten Hotels zur größten und elegantesten Nobelabsteige in New York.

109

und Astoria durch einen Verbindungsgang zum Grandhotel Waldorf Astoria zu vereinen. Die beiden Cousins blieben weiterhin verfeindet, führten aber, um des lieben Geschäftes willen, ein gemeinsames Großunternehmen.

Das Waldorf Astoria war eines der ersten Hotels, dessen Zimmer über eigene Bäder verfügten, es war das erste Haus, das den separaten »Ladies Entrance« abschaffte und Room Service einführte. Zur Seele des Hauses wurde der Schweizer Oscar Tschirky, der dem Waldorf Astoria sechzig Jahre lang, fast bis zu seinem Tod im Alter von 84 Jahren, als Maître d'hôtel die Treue hielt und den weltberühmten Waldorf-Salat kreierte. Heute noch erinnert in der Hotelhalle eine Bronzebüste an ihn.

Die Flitterwochen in Europa werden John Jacob Astor zum Schicksal

Im Jahr 1910 ließ sich Hälfteeigentümer John Jacob Astor IV. von seiner ersten Frau scheiden, was damals einen öffentlichen Skandal zur Folge hatte. Der 47-jährige Hotelier heiratete ein Jahr später die um fast dreißig Jahre jüngere, aus ärmlichen Verhältnissen stammende Madeleine Talmage Force, mit der er eine mehrmonatige Reise in die Flitterwochen antrat, die das junge Paar nach Europa führte.

Im April 1912 soll die Rückfahrt nach New York erfolgen. Alles muss möglichst schnell gehen, denn Madeleine ist schwanger und das Kind soll, um eines Tages den größtmöglichen Anteil am Astor-Vermögen erben zu können, in den USA zur Welt kommen. Außerdem will John Jacob Astor IV. zugunsten seines noch ungeborenen Kindes in New York sein Testament ändern. Das Ehepaar entscheidet sich daher für die rascheste und zugleich sicherste Möglichkeit: die Überfahrt mit der eben vom Stapel gelaufenen

Titanic, dem »schnellsten Personenschiff der Welt«. Begleitet von einem Dienstmädchen, einer Krankenschwester und einem Kammerdiener bewohnen Madeleine und John Jacob Astor IV. eine der geräumigsten Suiten des Ozeandampfers.

Viele Geschichten ranken sich um den Tod des Hotelkönigs. Fest steht, dass sich Astor, ehe der Luxusliner untergeht, im Rauchsalon des A-Decks in der I. Klasse aufhält. Als man ihm mitteilt, dass das Schiff mit einem Eisberg kollidiert sei, soll Astor ausgerufen haben: »Ich habe zwar Eis für meinen Drink bestellt, aber das ist wirklich übertrieben.«

Kurz danach trifft er seine junge Gemahlin auf der Backbordseite des Promenadendecks, wo sie mit anderen Frauen gerade in das Rettungsboot Nr. 4 steigt. John Jacob Astor will, mit dem Hinweis, dass sie schwanger sei, zu seiner Frau ins Rettungsboot, was ihm jedoch verwehrt wird, da der dafür zuständige zweite Offizier ausschließlich Frauen und Kinder zulässt. Als das Rettungsboot am 15. April 1912 gegen zwei Uhr früh die *Titanic* verlässt, verabschiedet sich Astor von seiner Frau – wie sie später erzählen wird – mit den Worten: »Die See ist ruhig, mir wird nichts geschehen, ich bin in guten Händen.« Kurz danach bricht der vordere Schornstein der *Titanic* in zwei Teile und erschlägt mehrere Passagiere, unter ihnen der Hotelier. Sein Leichnam wird nach einer Woche im Meer treibend gefunden und von seinem aus New York angereisten Sohn aus erster Ehe, Vincent Astor, identifiziert.

Madeleine Astor überlebt im Rettungsboot und erbt den Hauptteil des gewaltigen Vermögens. Vier Monate nach

Kein Rettungsboot für den Hotelier

dem Tod ihres Mannes bringt sie den gemeinsamem Sohn
John Jacob Astor VI. zur Welt.*

*»Die See ist ruhig,
mir wird nichts
geschehen, ich bin
in guten Händen«.
Das waren die
letzten Worte von
John Jacob Astor
IV., ehe er mit der
Titanic unterging.*

Als Astors Cousin, Geschäftspartner und »Intimfeind«
William Waldorf Astor 1919 in England starb, hatten
bereits zwei seiner Söhne die Führung des Hotels übernommen. Es geriet zehn Jahre nach Williams Tod aufgrund
des Alkoholverbots – wie viele Gastronomieunternehmen
in der Prohibitionszeit – in eine existenzielle Krise und
musste zusperren. Das Gebäude wurde abgerissen, und an
seiner Stelle entstand New Yorks legendärster und für lange
Zeit höchster Wolkenkratzer, das Empire State Building.

Doch das Waldorf Astoria war damit nicht tot. Ganz im
Gegenteil, der bisherige Hotelmanager Lucius M. Boomer
erwarb die Rechte am Namen Waldorf Astoria und fand

---

* John Jacob Astor V. war einer der Söhne von William Waldorf Astor.

Kapitalgeber für einen Neubau, der 1931 mit 47 Stockwerken und 2200 Zimmern im Art-Déco-Stil als größtes Hotel der Welt an seinem heutigen Platz an der noblen Park Avenue eröffnet wurde. US-Präsident Herbert Hoover verlas im Radio eine Gratulationsadresse, in der er den unternehmerischen Mut der Investoren, mitten in der Depression ein solches Großprojekt in Angriff zu nehmen, hervorhob. Als seine Präsidentschaft im Weißen Haus zu Ende ging, bezog Hoover mit seiner Frau eine Suite im Waldorf Astoria, die er bis an sein Lebensende bewohnte. Weitere Dauergäste waren der Herzog von Windsor und seine Frau Wallis Simpson, Mafiaboss Lucky Luciano und Außenminister Henry Kissinger.

Übrigens galten auch im Waldorf, wie in allen New Yorker »White only«-Hotels, lange Zeit Eintrittsbeschränkungen für Schwarze. Als der amerikanische Leichtathlet Jesse Owens 1936 bei den Olympischen Sommerspielen in Berlin als erster Sportler vier Goldmedaillen errang, wurde er bei seiner Heimkehr in den Straßen Manhattans von Hunderttausenden Menschen mit einer Konfettiparade gefeiert. Man fuhr den »schnellsten Mann der Welt« in einer offenen Limousine zu einem für ihn ausgerichteten Empfang im Ballsaal des Waldorf Astoria. Um dahin zu gelangen, musste Owens allerdings den Lastenaufzug nehmen, weil Schwarzen in dieser Zeit der Zutritt zum Personenlift verwehrt blieb.

Der Olympiasieger im Lastenaufzug

1949 erfüllte sich Conrad Hilton* seinen alten Lebenstraum und kaufte das Waldorf Astoria um drei Millionen

---

*   Siehe auch Seite 136 ff.

Dollar als Flaggschiff seines Konzerns. Das Haus ist heute noch im Besitz der Familie, die – inklusive der Partygirls Nicky und Paris Hilton – im Waldorf Astoria über eigene Suiten verfügt.

Fürst Rainier bittet im Waldorf Astoria um die Hand von Grace Kelly

In den 1950er-Jahren wurde das Hotel zum Treffpunkt der High Society und der Politik, wobei Monarchen, Staats- und Regierungschefs aus aller Welt – nicht nur wenn in New York die UNO-Vollversammlung tagte – hier abstiegen. Fürst Rainier von Monaco bat zu Weihnachten 1955, nach einem Abendessen im Waldorf Astoria, seine künftigen Schwiegereltern um die Hand seiner Braut Grace Kelly. Die Verlobung wurde am 5. Jänner 1956 bekannt gegeben, wobei bis dahin noch schwierige Verhandlungen um die Mitgift stattfanden. Sie betrug letztlich zwei Millionen Dollar, die die Kellys an den Fürsten zahlten.*

Viel zum Ruhm des Waldorf Astoria trug Amerikas berühmteste Gesellschaftskolumnistin Elsa Maxwell bei. Das Luxushotel war ein Paradies für ihre Klatschspalte, traf und trifft man doch im hoteleigenen Nachtclub Starlight Roof auf lokale wie internationale Prominenz. Hier spielten Big Bands von Glenn Miller über Count Basie bis Duke Ellington, deren Auftritte live im Radio gesendet wurden. Elsa Maxwell gab Partys und karrte ihre persönlichen Freunde Cary Grant, Gary Cooper, Marilyn Monroe, Elizabeth Taylor und Noel Coward an, über die sie so lange schrieb, bis sie selbst schon zum Inventar des Hotels gehörte, im Waldorf ein Zimmer bezog und dafür nur ein

---

*   Siehe auch Seite 119.

Drittel des Standardpreises zahlen musste. Die Zehn-Zim-
mer-Suite mit der Nummer 33 A bewohnte ein Vierteljahrhundert lang der Komponist Cole Porter. Als er 1964 starb,
wurde sie von Frank Sinatra übernommen, der eine Million Dollar Jahresmiete zahlte.

In den 1980er-Jahren setzte mit dem Massentourismus
der Abstieg des Waldorf Astoria ein, der im darauf folgenden Jahrzehnt jedoch durch Eröffnung der Waldorf Towers
mit großen, eleganten Suiten und eigener Rezeption zumindest teilweise gestoppt werden konnte.

Eine kleine Astor-Anekdote noch zum Abschluss: John
Jacob Astors »Intimfeind« – sein Cousin William Waldorf
Astor – war um 1900 mit seiner Familie nach London ausgewandert, wo sein Sohn, Lord William II. Waldorf Astor,
Mitglied des britischen Oberhauses wurde. Bei einem
Diner König Edwards VII. saß Williams Frau Nancy neben
dem späteren Premierminister Winston Churchill – gegen
den sie eine maßlose Abneigung hegte. Als das Dessert serviert wurde, sagte Lady Astor zu Churchill: »Wenn Sie mein
Mann wären, würde ich Ihnen jetzt Gift in den Tee schüt-
ten.«

Worauf der Politiker erwiderte: »Und wenn Sie meine
Frau wären, würde ich ihn auch trinken.«

*Lord William II.
Waldorf Astor
war Mitglied
des britischen
Oberhauses*

Der größte Juwelenraub aller Zeiten
Das Hotel Carlton in Cannes

Ein dunkel gekleideter Mann mit Schal und Baseball-mütze betritt das Carlton Hotel an der Croisette in Cannes. Nobler, sollte man meinen, geht's nicht – allerdings ist der Grund seines Besuchs am Nachmittag des 28. Juli 2013 alles andere als nobel. Denn Schal und Mütze sind nicht als sportliche Accessoires gedacht, sondern als Maskierung, um unerkannt zu bleiben.

Schmuck im Wert von 103 Millionen Euro

Und das gelingt ihm. Im Grand Salon des Carlton ist man gerade dabei, die Schmuckausstellung »Extraordinary Diamonds« des israelischen Juweliers Lev Leviev vorzubereiten. Noch laufen Designer und Juweliere aufgeregt hin und her, platzieren Edelsteine und goldene Armbänder in den Vitrinen, um eine für den heutigen Abend geplante perfekte Eröffnungsfeier der Verkaufsschau zu ermöglichen. Doch trotz der unglaublichen 103 Millionen Euro, die der Schmuck wert ist, wird die Halle von nur zwei unbewaffneten privaten Security-Leuten bewacht.

Plötzlich zieht der Mann mit Baseballmütze eine automatische Pistole, plündert die noch unversperrten Vitrinen, stopft seine Beute in mehrere Reisetaschen und ver-

schwindet vor den Augen der Anwesenden durch ein offenes Parterrefenster in eine Seitenstraße, wo er auf Nimmerwiedersehen verschwindet. Der ganze Coup ist innerhalb von Sekunden beendet.

Schauplatz des Juwelenraubs: der Grand Salon des Carlton Hotels in Cannes

Der Fremde hat 72 Schmuckstücke erbeutet – Ringe, Broschen, Diamantenkolliers –, von denen etliche mehr als eine Million Euro wert sind. Nur ein Teil des Schmucks war nach Angaben der Polizei versichert, der Großteil nicht. Einige Steine von geringerem Wert, die der Dieb auf der Flucht vermutlich absichtlich verloren hat, kann die Exekutive sicherstellen.

Der Juwelenräuber muss zweifelsfrei »sehr gut informiert« gewesen sein. Er war zum richtigen Zeitpunkt am

117

Nobler geht's nicht: das Entree des Carlton Hotels an der Croisette in Cannes

richtigen Ort und kannte sich in den Salons und Nebenräumen des Carlton Hotels offenbar aus, erklärte die für die Bekämpfung von Bandenkriminalität zuständige Einheit der Polizei in Nizza. Der Sprecher gab auch an, »dass alles sehr schnell und ohne Gewalt vonstatten ging«. Es handelte sich um den größten Juwelenraub, der bis dahin in Frankreich verübt worden war.

Dem Coup ging unglaubliche Sorglosigkeit voraus. Weder Hotel noch Schmuckhändler hatten die Polizei über die Vorbereitungen zu der Hundert-Millionen-Euro-Ausstellung informiert. »Im Gegensatz zu früheren Schmuckpräsentationen gibt uns das Carlton seit drei Jahren keine

118

Auskünfte mehr über derartige Veranstaltungen«, erklärte die Sicherheitsbehörde.

Nun wurde auch bekannt, dass es mit der Sicherheit im Carlton überhaupt nicht gut bestellt war. Der frühere Security-Chef war vor drei Jahren gekündigt worden und sein Nachfolger eigentlich für den Wareneinkauf und die Hotelwäscherei zuständig.

Zehn Tage nach dem Überfall bot die Versicherungsgesellschaft *Lloyd's of London* jedem Hinweis, der zum Täter führt, eine Million Dollar als Belohnung an. Das Verbrechen konnte dennoch nie aufgeklärt werden.

Das 1911 eröffnete Carlton an der Croisette wurde von der französischen Regierung mit dem Prädikat eines Historischen Nationalgebäudes versehen. Heute zur britischen Intercontinental-Gruppe gehörend, ist es die Nummer eins unter den Luxusunterkünften der Stars, die zum alljährlichen Filmfestival nach Cannes kommen. Weltberühmt wurde das Carlton als Kulisse für den von Alfred Hitchcock gedrehten Film *Über den Dächern von Nizza* mit Grace Kelly und Cary Grant. Interessant, dass die einst erfundene Filmhandlung die wahre Geschichte des Carlton-Coups vorwegnahm: Ein Juwelendieb treibt sein Unwesen an der französischen Riviera ...

Weltberühmt als Kulisse eines Hitchcock-Klassikers

Während der Dreharbeiten zu dem Film und während ihres Aufenthalts im Carlton kam es 1955 zu einem arrangierten Fototermin Grace Kellys mit dem Fürsten Rainier von Monaco. Danach war klar, dass das Paar heiraten würde. Die Hochzeit fand ein Jahr später in Monte Carlo statt.

119

Das Carlton Hotel in Cannes: Cary Grant, Grace Kelly und Alfred Hitchcock, 1955 bei den Dreharbeiten zu dem Film Über den Dächern von Nizza

Der im Juli 2013 verübte Raubüberfall war nicht der erste im Carlton. Bereits im August 1994 hatten dort drei mit Maschinenpistolen bewaffnete Männer Edelsteine im Wert von umgerechnet 34 Millionen Euro geraubt. Auch diese Bande entkam und wurde nie gefasst.

»Der Herr im Haus bin ich!«
Die Frau Sacher und ihr Hotel

Ein Kapitel über das Sacher zu schreiben, fällt mir schon deshalb nicht schwer, weil ich dort wochenlang ein und ausging – als ich eine Fernsehdokumentation über das weltberühmte Hotel und seine legendäre Prinzipalin Anna Sacher drehte.

Sie war eine resolute Person, die ebenso streng wie charmant sein konnte, und sie stapfte wie ein General, meist mit einer dicken Zigarre im Mund, durch ihr Hotel. Im Marmorsaal wünschte sie dem Thronfolger Franz Ferdinand »Guten Appetit!«, um ein paar Meter weiter den Piccolo zu maßregeln, weil sein Mascherl schief saß. Längst ist »die Frau Sacher« zum Symbol österreichischer Gastlichkeit geworden. Sie war eine schrullige Geschäftsfrau, der das gleichnamige Hotel heute noch einen guten Teil seines Renommees verdankt.

Anna Sacher, geb. Fuchs, kam 1859 im Haus Rotensterngasse 13 in der Leopoldstadt zur Welt, wo ihr Vater eine Fleischerei besaß. Die lebenslustige Wienerin hätte es sich wohl nicht träumen lassen, eines Tages aus dem kleinen elterlichen Betrieb in der Vorstadt an eine der feinsten

Anna Sacher (1859–1930), durch Heirat Besitzerin des Hotels Sacher in Wien

Adressen im Zentrum zu übersiedeln: in das vis-à-vis der Hofoper gelegene Hotel Sacher. Und doch, als sie zwanzig war, lernte sie den um sechzehn Jahre älteren Eduard Sacher kennen, in dessen Restaurant sie kurz als Hilfskraft beschäftigt war, ehe die beiden einander näher kamen.

Der Name Sacher war zu diesem Zeitpunkt bereits ein Begriff, zumal Eduards Vater Franz Sacher 1832 als sechzehnjähriger Kocheleve im Haus des Fürsten Metternich die Sachertorte kreiert und mit dem bis heute geheim gehaltenen Rezept ein Vermögen verdient hatte. Die Wiener spotteten, als die Fleischertochter den Hotelier 1880 ehelichte, dass sich hiermit »Tafelspitz und Sachertorte« glücklich vereint hätten.

An der Stelle des ehemaligen Kärntnertortheaters

Das Sacher steht an der Stelle des 1870 unter großen Protesten der Bevölkerung abgetragenen Kärntnertortheaters, in dem Werke Mozarts, Haydns, Schuberts und Beethovens aufgeführt wurden. 1876 eröffnete Eduard Sacher auf diesem historischen Grundstück sein Hotel*.

Anna übernahm nach der Hochzeit in dem damals gerade vier Jahre jungen Nächtigungs- und Speiseunternehmen ohne viel Federlesens das Regiment. Ihr Mann war zwar der Eigentümer, doch alles hörte dank ihrer natürlichen Autorität auf ihr Kommando – auch wenn sie die Post bescheiden mit »Frau Eduard Sacher« unterzeichnete. Als er 1892 mit 49 Jahren starb, wurde die erst 33-jährige Witwe zur Alleinherrscherin.

In einem Reich, dessen Ruf nicht ganz makellos war.

---

* Die ursprüngliche Adresse des Sacher war Augustinerstraße, heute liegt es in der Philharmonikerstraße 4.

Heute noch erzählt man, dass sich Wiens Aristokratie in den rosa tapezierten, als »Besprechungszimmer« getarnten Sacher-Separees mit Vorstadtschönen vergnügt hätte. Die Sachertorte war demnach nicht die einzige »Sünde«, die man hier begehen konnte.

Eines Abends, so heißt es, champagnisierte der für seine Frauenaffären berüchtigte Erzherzog Otto* mit einem Ballettmädchen im Sacher-Separee. Als Kaiser Franz Joseph vom skandalösen Aufenthaltsort seines Neffen erfuhr, schickte er einen Boten mit dem Befehl, der Erzherzog möge augenblicklich in die Hofburg kommen: »Und zwar so, wie er gerade ist!« Daraufhin sei ein groß gewachsener Herr über die Ringstraße marschiert, der mit nichts anderem bekleidet war als mit Reitstiefeln, weißen Handschuhen und einem Degen.

Die Geschichte vom »schönen Otto«, wie ihn die Wiener nannten, ist zwar garantiert erfunden, zeigt aber, welch zweifelhaften Ruf das Sacher in diesen Tagen genoss.

Als Anna Sacher 1892 nach dem Tod ihres Mannes das Hotel übernahm, hatte es durch seine Separees einen nicht ganz makellosen Ruf.

---

* Erzherzog Otto (1865–1906) war der Vater des späteren letzten österreichischen Kaisers Karl.

Der besserte sich erst, als Anna Sacher daranging, das Etablissement zum Treffpunkt jener Herren umzuwandeln, die auch in Gesellschaft ihrer eigenen Ehefrauen zu speisen beliebten. Womit Aufstieg und Blütezeit des Sacher zum konkurrenzlosen Nobelquartier beginnen konnten. Und keiner fand – nebenbei bemerkt – etwas daran, dass die Separees inklusive sündigen Plüschsofas selbstverständlich weiter existierten. Nur verhielt man sich jetzt diskreter.

Als wäre sie eine regierende Fürstin

Erzherzöge, Großbürger, Politiker, Künstler, Finanzmagnaten und Diplomaten verkehrten im Sacher und begrüßten die Prinzipalin mit Handkuss, als wäre sie eine regierende Fürstin. Teil ihrer Schrulligkeit war Frau Sachers maßlose Tierliebe. Die Witwe lebte in Baden bei Wien, an der Seite von bis zu hundert französischen Bulldoggen, die angeblich mit Kaviar gefüttert wurden. Einige der Hunde nahm sie mit ins Sacher, wohin sie sich täglich im Fiaker führen ließ.

Anna Sacher war, als sie fünfzig Jahre alt wurde, längst eine Berühmtheit, die man damals, im Jahr 1909, in einer Zeitung mit einem anderen Wahrzeichen verglich: »Vom Feldherrn Radetzky konnte der Dichter nur sagen: In deinem Lager ist Österreich. Von dir, hohes Geburtstagskind, darf man weit mehr betonen: In deinem Lager *isst* Österreich!«

In der Tat hätte das Sacher – so solche damals schon vergeben worden wären – jede Menge »Hauben« bekommen, schon weil der Tafelspitz mehr Gäste anlockte als die anrüchigen Separees. Dementsprechend prominent waren die Restaurantbesucher, zu denen auch der 130 Kilo schwere Leo Slezak zählte. Der beliebte Tenor hatte eine

124

Wohnung in dem unweit vom Sacher gelegenen Heinrich-
hof und sollte auf Anordnung seiner Frau eine strenge
Diät halten. Doch er ging jeden Tag heimlich ins Sacher,
um sich vollzuessen. Und die Frau Gemahlin wunderte
sich, dass er nicht und nicht abnahm ... Als ihn der Oberkellner einmal fragte, was Herr Kammersänger zu speisen
beliebten, antwortete dieser nach einem Blick in die Menü-
karte: »Gänse!«

Anna Sacher war, vermutlich ohne das Wort gekannt zu
haben, eine emanzipierte Frau. Als ein Gast einmal nach
dem »Herrn Direktor« fragte, herrschte sie ihn an: »Der
Herr im Haus bin ich!«

So war sie eben, rechthaberisch und entgegenkommend,
grantig und charmant. Doch als nach dem Zusammenbruch der Monarchie statt der Esterházys, Kinskys und
Schwarzenbergs eher zwielichtige Gestalten in ihr Haus
schneiten, änderte sie sich schlagartig. Die Frau Sacher war
nicht wiederzuerkennen, die einst amüsante Gastgeberin
verließ ihr Büro kaum noch und verlor die Übersicht über
Soll und Haben. Zuletzt musste sie auch noch ihre Ent-
mündigung über sich ergehen lassen.

Das traurige Ende einer Legende

Sie starb am 25. Februar 1930 im Sacher, im Alter von
71 Jahren. Keines ihrer Kinder bekam das Hotel, Frau
Sacher hatte ihren Sohn und ihre Tochter nach jahrelan-
gem Rechtsstreit enterbt, was insofern nicht mehr von
Bedeutung war, als der Betrieb ohnehin den Bankrott
anmelden musste.

Nach dem Tod der Prinzipalin erwies sich der Wiener
Rechtsanwalt Hans Gürtler als Retter des in den Jahren

der Wirtschaftskrise und durch Annas Realitätsverweigerung völlig heruntergekommenen Hauses. Er kaufte die Konkursmasse des Sacher gemeinsam mit dem Cafétier Josef Siller, renovierte das Hotel und ließ es in neuer Pracht erblühen.

Ein Pferdestall in der Roten Bar

Den Zweiten Weltkrieg überstand das Sacher – während fast alle Nachbargebäude inklusive Staatsoper im Bombenhagel untergingen – wie durch ein Wunder unbeschädigt. Allerdings errichteten die russischen Besatzer dann anstelle der Roten Bar einen Pferdestall – man kann sich ausrechnen, wie lange das Sacher eine derart missbräuchliche Verwendung überstanden hätte. Doch glücklicherweise übergaben die Sowjets das Hotel nach zwei Monaten den Engländern, die es seiner historischen Bedeutung entsprechend behandelten. Während der britischen Besatzung mietete sich der Schriftsteller Graham Greene in der Philharmonikerstraße ein und schrieb im Sacher Teile des Kultfilms *Der Dritte Mann*. 1951 wurde das Sacher an Gürtler und Siller restituiert, seit 1962 ist es im alleinigen Besitz der Familie Gürtler.

Wichtigstes Standbein des Hauses war und ist die handgefertigte Original Sacher-Torte, von der das Sacher heute jährlich 360 000 Stück erzeugt und in alle Welt exportiert.

Der »Krieg um die Sachertorte«

Bei einem derartigen Verkaufserfolg ist es nicht weiter verwunderlich, dass es irgendwann zum »Krieg um die Original Sacher-Torte« kommen musste: Die beiden bekanntesten Konditoreien der Stadt, Sacher und Demel, stritten in den 1950er-Jahren um die Frage, wer die »echtere« Sachertorte erzeugen würde. Nach zehnjähriger Prozessdauer traf der Oberste Gerichtshof 1962 die Entscheidung,

Ein Stück Wiener Geschichte, gleich hinter der Oper: das legendäre Hotel Sacher

dass nur das Sacher sein Produkt »Original Sacher-Torte«
nennen dürfte. Die Demel-Torte – um eine Marmeladen-
schicht ärmer als die von Sacher – heißt weiterhin Sacher-
torte, aber ohne den klingenden Zusatz »Original«.

Wem das Sacher in den 1970er-Jahren noch immer kein
Begriff gewesen sein sollte, der lernte es spätestens dann
durch die Fernsehserie *Hallo, Hotel Sacher, Portier!* kennen.
Es gibt eine ganze Reihe von First-Class-Hotels in Wien,
aber Fritz Eckhardt wäre wohl nie auf die Idee gekommen,
eine TV-Reihe mit dem Titel *Hallo, Hotel Intercontinental,
Portier!* oder *Hallo, Hotel Hilton, Portier!* zu schreiben, weil er
die von der Frau Sacher geschaffene Atmosphäre brauchte,
um einen internationalen Erfolg landen zu können.

Kronprinz Rudolfs Möbel im Sacher

Als ich 1986 die eingangs erwähnte Fernsehdokumentation über das Sacher drehte, führte uns der damalige
Hotelchef Peter Gürtler, der das Hotel ausgebaut, modernisiert und um das Sacher in Salzburg erweitert hatte,
durch das Haus und sagte wörtlich vor laufender Kamera:
»Wir befinden uns hier im Bankettzimmer. Es wird überliefert, dass die Möbel dieses Zimmers aus Schloss Mayerling stammen. Und zwar aus jenem Zimmer, in dem sich
tragischerweise Kronprinz Rudolf das Leben genommen
hat. Kaiser Franz Joseph wollte diese Möbel verständli-
cherweise nicht mehr bei sich haben und hat sie dem
Hotel Sacher geschenkt.«

Die Möbel haben auch dem Sacher kein Glück gebracht,
denn vier Jahre nach dem Fernsehinterview nahm sich
Peter Gürtler das Leben.

Nach seinem tragischen Tod übernahm Gürtlers Frau
Elisabeth 1990 die Geschäftsführung, später folgten ihr

Sohn Georg und Tochter Alexandra Winkler. Während das immer noch in Privatbesitz befindliche Fünf-Sterne-Juwel mit dem weltberühmten Namen von nur einer Generation Sacher geleitet wurde, führen es die Gürtlers heute schon in vierter Generation.

Neben gekrönten Häuptern wie Königin Elizabeth II. und Königin Juliana der Niederlande traf man hier die Weltstars Herbert von Karajan, Liz Taylor und Curd Jürgens, der dem Sacher zu einem seiner größten »Skandale« verhalf, als Peter Gürtler ihn Anfang der 1970er-Jahre des Restaurants verwies. Der Grund: Der Schauspieler war ohne Krawatte erschienen! Weltweite Schlagzeilen waren ihm und dem Luxushotel sicher, doch ist man mittlerweile sogar im Sacher von der Krawattenpflicht abgekommen.

Auch die Politik hat vor den Toren des Sacher nicht Halt gemacht. Und so war hier der »schwarze« Bundeskanzler Leopold Figl ebenso zu Gast wie der »rote« Bruno Kreisky, und das ist kein Wunder, denn im Sacher kennt man nur die Ideologie der Qualität und des Wohlfühlens. Und weil das Sacher ein Stück Wien ist, gibt es zur Untermauerung dieser These eine Anekdote:

Als der deutsche Sozialdemokrat Horst Ehmke nach Wien kam, um Bruno Kreisky zu seinem Sieg bei den Nationalratswahlen 1970 zu gratulieren, wurde er von diesem zum Frühstück ins Sacher eingeladen. Erstaunt stellte Ehmke fest: »Schöne Sozialisten seid ihr, die im Sacher sitzen!« Worauf Kreisky brummte: »Na ja, immerhin sitzen wir hier in der Roten Bar.«

Regierungschefs im Nobelhotel

Ronald Reagan in Lebensgefahr
Das Attentat im Capital Hilton, Washington

Der 30. März 1981 ist ein warmer, regnerischer Tag. Ronald Reagan ist erst seit zwei Monaten Präsident der Vereinigten Staaten von Amerika, als er um 14.27 Uhr, umringt von Leibwächtern, Journalisten, Fotografen und Kameraleuten, das Capital Hilton in Washington verlässt, nachdem er im Ballsaal des Hotels vor Hunderten Gewerkschaftern eine Rede gehalten hat. Kaum hat er den Parkplatz vor der Lobby betreten, zückt ein Mann einen Revolver und beginnt wie wild um sich zu schießen.

Zunächst werden Reagans Pressesprecher James Brady und der Polizist Thomas Delahanty von den Kugeln getroffen, beide sinken schwer verletzt zu Boden. Die dritte Kugel trifft den Security-Mann Timothy McCarthy, der sich pflichtbewusst vor den Präsidenten geworfen hat. Auch er geht, nach einer Verletzung im Nacken, in die Knie. Sein Kollege, der Einsatzleiter Jack Parr, stößt Reagan unsanft in die fahrbereite Limousine, während der Schütze, bis er von den Bodyguards überwältigt wird, weiterfeuert.

Der Attentäter heißt John W. Hinckley, ist 25 Jahre alt und krankhaft besessen von der jungen Schauspielerin

Ronald Reagan (1911–2004), US-amerikanischer Schauspieler, 40. Präsident der Vereinigten Staaten

Jodie Foster, die 1976 Martin Scorseses Film *Taxi Driver* gedreht hat, in dem ein Psychopath einen Politiker verfolgt. Mit den Schüssen auf Reagan hofft Hinckley Jodie Fosters »Respekt und Liebe«, wie er bei seiner Einvernahme erklären wird, zu erringen. Der ehemalige Technikstudent aus gutbürgerlichem Haus – sein Vater war Vorstandsvorsitzender der *Vanderbilt Energy Corporation* – hatte sich schon in den Monaten davor mit dem Gedanken getragen, Jodie Foster zuliebe Attentate auf Reagans Vorgänger Jimmy Carter und auf Senator Edward Kennedy zu verüben und im Senat ein Blutbad anzurichten. Doch alle diese Vorhaben scheiterten an Sicherheitsvorkehrungen, die es Hinckley unmöglich machten, an die gewünschten Personen heranzukommen. Bei Ronald Reagan sollte es ihm dann gelingen.

John W. Hinckley hielt sich bereits vor Reagans Ankunft in dem in Washingtons Connecticut Avenue gelegenen Hilton auf, und er blieb, während der Präsident seine Rede hielt, in der Halle stehen. Als Reagan zu seinem Wagen zurückkehrt und nach allen Seiten winkt und lächelt, läuft auch Hinckley in die Richtung des vor dem Hotel parkenden Wagens, mischt sich unter die Reporter und gibt innerhalb weniger Sekunden aus seinem Harrington and Richardson-Revolver aus drei Metern Entfernung sechs Schüsse ab.

Der letzte, ein Querschläger, prallt an Reagans gepanzerter Limousine ab, trifft den Präsidenten unterhalb der Achselhöhle und verletzt seinen linken Lungenflügel. Doch das bemerkt vorerst niemand.

»Achtung, es wurde geschossen!«, verständigt der unverletzt gebliebene Agent Ray Shaddick die FBI-Zentrale mit

Der Attentäter wartet in der Hotelhalle

seinem Funkgerät. »Es gibt Verletzungen!« Jack Parr setzt die Durchsage fort: »Rawhide ist okay!«

»Rawhide« – ein ledernes Cowboyhalsband – ist der Secret-Service-Deckname für den republikanischen Präsidenten, ehemaligen Schauspieler und Westernhelden Ronald Reagan.

Der Wortlaut des internen Funkdialogs lag drei Jahrzehnte in den Archiven des Secret Service unter strengem Verschluss und wurde erst im Jahr 2011 aufgrund einer richterlichen Verfügung freigegeben – von der Weltöffentlichkeit jedoch bisher kaum wahrgenommen. Die dramatischen Sätze auf dem Tonband enthüllen, wie knapp Ronald Reagan dem Tod entkam:

Einsatzleiter Parr gibt dem Fahrer Anweisung, die rund zwei Kilometer zum Weißen Haus zu fahren – und nicht ins nächste Krankenhaus, weil ja niemand ahnt, dass der Präsident verletzt ist, ganz im Gegenteil: »Rawhide ist okay!« ist auf den Bändern immer wieder zu hören.

Die Limousine bewegt sich bereits in Richtung Weißes Haus, da bemerkt Jack Parr, dass Blut aus Reagans Mund läuft. Er gibt dem Chauffeur Order, den Kurs zum George Washington University Hospital zu ändern. »Holt einen Krankenwagen«, ruft er ins Mikrofon, »oder nein, bereitet eine Bahre vor!«

Ronald Reagan betritt das Spital aufrecht gehend, von seinen Security-Leuten gestützt. Doch nach wenigen Schritten sackt er zusammen und wird in die Notaufnahme getragen. Er ist aber bei vollem Bewusstsein und macht sogar einige für ihn typische Scherze. Als sich die mittlerweile herbeigeeilte First Lady Nancy Reagan über ihren Mann

beugt, sagt er: »Honey, ich habe vergessen, in Deckung zu gehen.«

Alles geht so schnell, dass der diensthabende Arzt gar nicht bemerkt, wen er da vor sich hat. Erst als er den siebzigjährigen Patienten routinemäßig nach seiner Wohnadresse fragt und dieser »1600 Pennsylvania Avenue, Washington D.C.« antwortet, geht ihm ein Licht auf. Es ist die Adresse des Weißen Hauses. Eine Krankenschwester droht vor Aufregung und Ehrfurcht das Bewusstsein zu verlieren.

Das Team beschließt, den Patienten nicht mit »Mr. President« anzusprechen, sondern als »Mr. Reagan« – das würde,

»Achtung, es wurde geschossen!«: Ronald Reagan wird vor dem Hilton Hotel von Secret-Service-Leuten in Sicherheit gebracht.

so die Hoffnung der Spitalsmitarbeiter, den Druck mildern, der auf ihnen lastet. Fast gleichzeitig mit Reagan trifft der schwer verletzte James Brady in der Klinik ein. Während ein zweites Ärzteteam den durch einen Kopfschuss schwer verletzten Pressechef operiert, geben TV-Stationen die Falschmeldung durch, dass Reagans Mitarbeiter dem Anschlag erlegen sei.

Indes schneiden Krankenschwestern den Präsidenten aus seinem Anzug, ziehen ihm das Hemd aus, und die anwesenden FBI-Agenten sammeln jede Kleinigkeit seiner persönlichen Habe ein und stecken sie in eine Kunststofftasche. Darunter befindet sich eine Plastikkarte, die wie eine Kreditkarte aussieht und von der niemand weiß, welche Funktion sie hat. Wie später bekannt wird, handelt es sich um die Kennkarte, mit der der amerikanische Präsident das Nuklearwaffen-Arsenal aktivieren kann. Nicht auszudenken, was passieren hätte können, wenn diese Karte in falsche Hände geraten wäre. Immerhin befand sich der Kalte Krieg zwischen den USA und der Sowjetunion zu diesem Zeitpunkt auf einem Höhepunkt.

Sobald Reagans Kleidung abgenommen ist, erkennen die Ärzte das Einschussloch unterhalb der Achselhöhle. Die Kugel ist nur 2,5 Zentimeter vom Herzen entfernt stecken geblieben und bewegt sich langsam weiter. Die Ärzte und Schwestern, die Beteiligte oder Zeugen des nun folgenden Eingriffs sind, gehen – als sie die Verletzung so nahe dem Herzen sehen – davon aus, dass Reagan nicht überleben würde. Und dass sie machtlos wären, wenn der 40. Präsident der Vereinigten Staaten – wie vier seiner

Amtsvorgänger* – einem Attentat zum Opfer fiele. Dies berichteten Spitalsmitarbeiter dem *Washington Post*-Reporter Del Quentin Wilber, als dieser im Jahr 2011 das Buch *Rawhide Down: The Near Assassination of Ronald Reagan* schrieb. »Sie pumpten ihn voll mit Medizin, stabilisierten seinen Blutdruck und verhinderten so, dass er einen Schock erlitt, und das rettete ihm das Leben.«

Ronald Reagan ist immer noch bei Bewusstsein und hat seinen Humor nicht verloren. Ehe die Narkose wirkt, flüstert er dem Ärzteteam zu: »Ich hoffe, dass ihr alle Republikaner seid!« Darauf Chefchirurg Joseph Giordano (ein Demokrat): »Heute sind wir alle Republikaner!«

»Heute sind wir alle Republikaner!«

Die nun folgende Operation verläuft wesentlich dramatischer, als man dies dreißig Jahre lang der Öffentlichkeit vortäuschte. Es gelingt zwar, die Kugel aus dem Körper des Präsidenten zu entfernen, aber Ronald Reagan verliert während des zweistündigen Eingriffs die Hälfte seines Blutes. Viel mehr Zeit wäre den Ärzten infolge der inneren Blutungen, des Alters des Patienten und der sich fortbewegenden Kugel nicht zur Verfügung gestanden.

Zeitgleich herrscht im Weißen Haus Chaos. Der Krisenstab tagt. Wer übernimmt die Geschäfte? Obwohl George Bush sen. Vizepräsident ist, greift Außenminister Alexander Haig nach den Hebeln der Macht: »Ich übe hier die Kontrolle aus«, erklärt er vor Pressevertretern. Pentagon-Chef Caspar Weinberger ist entsetzt, vergleicht Haig mit »Dr. Seltsam«, dem irren Helden aus Stanley Kubricks

---

* Ermordet wurden die US-Präsidenten Abraham Lincoln (1809–1865), James A. Garfield (1831–1881), William McKinley (1843–1901) und John F. Kennedy (1917–1963).

Atomsatire *Dr. Seltsam oder: Wie ich lernte, die Bombe zu lieben.*

Zu diesem Zeitpunkt weiß kein Regierungsmitglied, dass die Code-Karte zum Atomkoffer verschwunden ist. Selbst als ihr Verbleib durch einen Anruf des FBI geklärt ist, gibt die Ermittlungsbehörde sie erst zwei Wochen später ans Weiße Haus zurück. So lange bleiben die USA außerstande, sich gegen einen möglichen Atomschlag zu verteidigen.

Schlief in seinen Anfangsjahren als Hotelier auf einem Sessel im Büro: Conrad Hilton sen.

Conrad Hilton (1887–1979), Gründer des US-amerikanischen Hilton-Hotel-konzerns

Conrad Hilton, in dessen Hotel das Attentat auf Präsident Reagan erfolgte, war als mittelloser Sohn norwegischer Einwanderer in Neu Mexiko zur Welt gekommen und hatte 1919 auf Kredit sein erstes Fremdenquartier, eine Billigabsteige in der texanischen Gemeinde Cisco gekauft, in dem Arbeiter der Ölindustrie für ein paar Dollar die Woche nächtigten. Sechs Jahre später baute er in Dallas das erste »richtige« Hilton, danach folgte ein Hotel dem anderen. Er selbst schlief in den Anfangsjahren, um möglichst alle Betten vermieten zu können, auf einem Sessel in seinem Büro.

Ende der 1930er-Jahre war Mr. Hilton bereits so reich, dass man ihn zu Amerikas »besten Partien« zählte. Das blieb auch der Schauspielerin Zsa Zsa Gabor nicht verborgen, deren zweiter Mann er wurde. Die 1942 geschlossene Ehe hielt fünf Jahre. Als Conrad Hilton einige Jahre danach Elizabeth Taylor im Kino sah, wollte er auch sie gleich »besitzen«, doch eine Heirat kam nicht infrage, da er 62 und die Taylor 17 war und Hilton wusste, dass der Altersunterschied in der Öffentlichkeit seinem Image schaden würde. So wurde Liz Taylor Hiltons ältestem Sohn Conrad Hilton jun. zugeschanzt, der sie am 6. Mai 1950 heiratete.

Auch diese Ehe ging in die Brüche, weil Hilton jun. schon nach wenigen Wochen an der Seite attraktiver Damen ertappt wurde. Nach sieben Monaten kam es zur Scheidungsverhandlung, in der sich Mrs. Taylor mit einem Bündel Hilton-Aktien abfinden ließ.

Conrad Hilton sen. hat sein Leben lang Hotels gesammelt wie andere Bierdeckel, und er verstand es, selbst unüberwindlich scheinende Tiefs in Triumphe zu verwandeln. 1931, auf dem Höhepunkt der Wirtschaftskrise, war er rettungslos verschuldet, verlor aber

Die Ehe ging in die Brüche: Conrad Hilton jun., Filmstar Liz Taylor

137

selbst da nicht seine Visionen. Als Hilton damals in einer Illustrierten ein Foto des Waldorf Astoria* in New York sah, schwor er sich, es in seinen Besitz zu bringen. Und tatsächlich: Achtzehn Jahre später gehörte es ihm.

Das Hilton in Washington wurde – um an den Tatort des Reagan-Anschlags zurückzukehren – 1943 von der mächtigen Statler-Hotelkette im Beisein der Hollywoodstars Fred Astaire, Lucille Ball, Judy Garland und Mickey Rooney eröffnet und zählte sämtliche US-Präsidenten seit Franklin D. Roosevelt zu seinen Gästen. Conrad Hilton kaufte das Statler Washington D.C., das damals als große Sensation über Air-Condition in allen Zimmern verfügte, 1954 gemeinsam mit rund zwanzig weiteren Statler-Hotels um 111 Millionen Dollar – das war die größte Verschmelzung in der Hotelgeschichte und die bis dahin weltweit größte Immobilientransaktion.

Das Hilton als Außenstelle des Weißen Hauses

Das Capital Hilton (Hauptstadt Hilton)-Hotel in der Connecticut Avenue wurde im Lauf der Zeit, nicht zuletzt dank seines überdimensionalen Ballsaales, zu einer Art Außenstelle des Weißen Hauses, in der bedeutende Reden und Inaugurationsfeiern gehalten wurden, aber auch Interviews und vertrauliche Treffen der Präsidenten stattfanden. Und nachdem Martin Luther King am 28. August 1963 vor dem Lincoln Memorial in Washington seine historische Rede »I have a dream«** gehalten hatte, zog er sich mit seiner Entourage ins Capital Hilton zurück.

---

*   Siehe auch Seite 108 ff.
**   Siehe auch Seite 264 ff.

Weil es aber in Washington mehrere Hiltons gibt, hat sich für das Vier-Sterne-Hotel in der Connecticut Avenue ein eher geschmackloser Name eingeschlichen. Das Hotel mit seinen mehr als tausend Zimmern wird oft »Hinckley Hilton« genannt, angelehnt an den Namen des Reagan-Attentäters. Die Hilton Corporation mit 2800 Hotels und 480 000 Zimmern in achtzig Ländern zählt heute zu den größten Hotelkonzernen der Welt.

Ronald Reagan erholte sich erstaunlich schnell von seinen Verletzungen. Die Österreicherin Helene von Damm, damals seine persönliche Sekretärin und engste Mitarbeiterin, durfte als eine der wenigen aus dem Stab des Weißen Hauses an sein Krankenbett. »Die ersten Tage waren wirklich kritisch, man wusste nicht, ob er überleben wird. Es hat einige Zeit gedauert, bis er ansprechbar war, aber als ich ihn im Spital besuchte, ging es ihm schon besser.« Der Mordanschlag, erzählte mir Helene von Damm, hatte für Reagans Tätigkeit weitreichende Folgen. Der Grund: »Nancy Reagan war durch das Attentat dermaßen verunsichert, dass sie von da an ständig eine Astrologin beschäftigte, die jeden Schritt des Präsidenten mitbestimmte. Unsere Leute im Weißen Haus waren sehr irritiert, weil Nancy immer wieder bereits fest eingeplante Veranstaltungen absagte oder absagen wollte.«

Das Team im Oval Office war nach dem Attentat wie paralysiert. »Es war ein doppelter Schock für uns«, erinnert sich Helene von Damm. »Nicht nur, weil Reagan schwer verletzt war, sondern auch weil die Befürchtung im Raum stand, dass nach den mühevollen, jahrelangen Wahl- und

Helene von Damm erinnert sich

Conrad Hilton kaufte das Capital Hilton in Washington im Jahr 1954 mit 20 weiteren Hotels für die Rekordsumme von 111 Millionen Dollar.

Vorwahlkämpfen jetzt alles vorbei sein könnte. Viele von uns fragten sich: Soll das alles gewesen sein, eine nur zweimonatige Präsidentschaft?«

Doch Reagan konnte, bereits zehn Tage nachdem er fast verblutet wäre, aus dem Spital entlassen werden. Und zwei weitere Wochen später leitete er – auf einer Mitleidswelle schwimmend und damit populärer denn je – wieder eine Kabinettssitzung. Pressesprecher James Brady hatte weniger Glück, er saß bis zu seinem Tod im August 2014 im Rollstuhl und wurde einer der profiliertesten US-Aktivisten gegen freien Schusswaffenbesitz. Thomas Delahanty erlitt einen dauerhaften Nervenschaden.

Der Attentäter John W. Hinckley wurde wegen geistiger Unzurechnungsfähigkeit für nicht schuldig befunden und verbrachte 35 Jahre in einer geschlossenen Heilanstalt, die er am 10. September 2016, mittlerweile 61 Jahre alt, verlassen durfte. Der Secret Service verschärfte nach dem Reagan-Attentat seine Schutzmaßnahmen für die Präsidenten der Vereinigten Staaten.

140

Die Verhaftung des Oscar Wilde ...
... im Cadogan Hotel in London

Er war ein überaus angesehener Schriftsteller, geliebt von der High Society, ein Dandy seiner Zeit, elegant gekleidet, viel gelesen, und seine Stücke wurden an großen Bühnenhäusern aufgeführt. Eben erst hatte er die Uraufführung seiner Komödie *Bunbury oder Ernst sein ist alles* gefeiert. Nichts, so dachte man, könnte den eindrucksvollen Aufstieg des vierzigjährigen Dichters aufhalten. Und doch: am 5. April 1895 ist alles aus. Oscar Wilde wird im Cadogan Hotel im noblen Londoner Stadtteil Kensington verhaftet. Das gesellschaftliche und literarische Aus, von dem er sich nie wieder erholen sollte, ist gekommen.

Ein letzter Blick in die Eingangshalle, dann setzt sich der kleine Aufzug im Cadogan Hotel langsam in Bewegung. Er stoppt im ersten Stock, zwei Detektive steigen aus, schauen sich um und werden vom Hoteldiener zum Zimmer mit der Nummer 118 geführt. Die Polizeiagenten schreiten über den weichen Teppich und betrachten die wertvollen Gemälde an den Wänden des acht Jahre zuvor errichteten Luxustempels. Auf derselben Etage wie Oscar Wilde, auf Zimmer 106, lebte übrigens die berühmte Schauspielerin

Oscar Wilde (1854–1900), Romanautor und Dramatiker irischer Herkunft im viktorianischen England

Lillie Langtry ihre Affäre mit dem damaligen Kronprinzen
und späteren König Edward VII. aus. Langtry, ein Schön-
heitsideal ihrer Zeit, wohnte zwischen 1892 und 1897 im
heutigen Fünf-Sterne-Hotel Cadogan.

Oscar Wilde sitzt, als die Polizisten an seine Tür klopfen,
inmitten einer Freundesrunde in seinem Appartement.
Das Gebäude galt damals als eine der feinsten Adressen
der viktorianischen Gesellschaft. Jener Gesellschaft, der

der Exzentriker und scharfzüngige Dramatiker in seinen Komödien *Lady Windermeres Fächer, Eine Frau ohne Bedeutung, Ein idealer Ehemann* oder in seinem Roman *Das Bildnis des Dorian Gray* den Spiegel vorhielt.

Der Verhaftung vorausgegangen war eine Provokation des Marquis Douglas von Queensberry: Der Vater von Oscar Wildes 21-jährigem Liebhaber Lord Alfred Douglas hatte am 28. Februar 1895 im Club des irischen Dichters eine Visitenkarte mit dem Text »An Oscar Wilde, den posierenden Sodomiten« abgegeben. Mit »Sodomie« bezeichnete man damals alles, was man als sittenwidrig verstand, also auch Homosexualität, die als strafbarer Tatbestand galt.

Tatsächlich war der Marquis von Queensberry ein Psychopath, der an jeder Ecke eine Schwulenverschwörung witterte, überhaupt seit er wusste, dass zwei seiner Söhne homosexuell waren. Der Aristokrat verfolgte Oscar Wilde bis in dessen Stammlokale und in den Club der Upper Class, in dem er seine Veranlagung nachzuweisen hoffte.

Mit der im Albemarle Club hinterlegten Visitenkarte war für den Dichter - nach mehreren vorausgegangenen Schmähungen - die Schwelle des Erträglichen überschritten. Als ihm der offene Umschlag mit der Karte vom Portier - der sie natürlich bereits gelesen hatte - überreicht wurde, schrieb er seinem Freund Robert Ross: »Ich sehe jetzt keinen anderen Ausweg mehr als eine Strafverfolgung. Dieser Mann ruiniert mein ganzes Leben. Der Elfenbeinturm wird mit Auswurf bespuckt. Mein Leben verrinnt im Sande.«

Ross und andere Freunde raten Wilde, die Karte zu ignorieren und zu zerreißen. Doch Wilde beharrt auf Rache.

Für Oscar Wilde ist die Schwelle des Erträglichen überschritten

Der Gang vor Gericht erscheint ihm der einzige Ausweg zu sein, und so erstattet er am 1. März 1895 im Polizeirevier Marlborough Street Strafanzeige wegen öffentlicher Verleumdung gegen den Marquis von Queensberry.

Rückblickend ein fataler Fehler. Queensberry legt eine Rechtfertigungsschrift vor und wittert die Gelegenheit, Wilde in dreizehn Punkten zu belasten: In elf Fällen wird er bezichtigt, junge Männer, meist aus der Unterschicht, auch männliche Prostituierte, zu unzüchtigen Handlungen angestiftet zu haben, die beiden anderen Punkte beziehen sich auf angebliche Sittenwidrigkeiten in seinen literarischen Werken.

Bis zu seiner Verhaftung ein angesehener Schriftsteller, geliebt von der High Society, der mit Frau und Kindern ein scheinbar bürgerliches Leben führte: Oscar Wilde

Oscar Wilde führte bis zum Ausbruch des Skandals ein scheinbar bürgerliches Leben mit seiner Frau, der Kinderbuchautorin Constance Lloyd, und seinen Söhnen Cyril und Vyvyan, zehn und neun Jahre alt. Die Familie wohnte in der Tite Street, nur einen Steinwurf vom Cadogan Hotel entfernt.

Der Verleumdungsprozess gegen den Marquis wird am 3. April 1895 im Old Bailey, dem Obersten Londoner Kriminalgericht, eröffnet und dauert drei Tage. Obwohl Oscar Wilde als Kläger aufscheint, ist er in den Augen vieler Kiebitze und Zeitungsleser der Angeklagte. Wildes Anwalt Sir Edward Clarke hält ein einleitendes Plädoyer, in dem er auf das hohe gesellschaftliche Ansehen seines Mandanten hinweist.

Queensberrys Verteidiger Edward Carson – ein ehemaliger College-Kamerad von Oscar Wilde – nimmt den Dichter ins Kreuzverhör und führt an, dass er wesentlich älter sei als die von ihm verführten, im Prozess namentlich genannten Männer. So gelingt es Carson, Oscar Wilde als arglistigen Verführer der Jugend hinzustellen, als einen Mann, der schamlos Klassengrenzen überschritten, intimen Umgang mit Männern und Straßenjungen mit teuren Geschenken verführt hat.

Wilde leugnet jegliches amoralisches Verhalten und beruft sich auf die Freiheit der Kunst. Es müsse einem Schriftsteller möglich sein, Umgang auch mit nicht ganz einwandfreien Männern zu pflegen, sie für seine literarische Tätigkeit zu studieren und ihnen poetische Briefe zu schreiben.

Der Dichter beruft sich auf die Freiheit der Kunst

Als Queensberrys Verteidiger droht, alle namentlich bekannten jungen Männer als Zeugen vor Gericht zu zitieren, rät Oscar Wildes Anwalt, die Verleumdungsklage gegen den Marquis zurückzuziehen. Privat empfiehlt er dem Schriftsteller noch, England auf schnellstem Wege zu verlassen, ehe er verhaftet werde.

Aber Wilde schlägt beide Ratschläge aus. Und Queensberry wird vom Gericht das Recht zugesprochen, Oscar Wilde weiterhin »im Interesse der Allgemeinheit einen posierenden Sodomiten zu nennen«. Der Marquis, der als »nicht schuldig« erkannt wird, schreibt an Wilde: »Ich will

Sie von Ihrer Flucht nicht abhalten, aber wenn Sie meinen Sohn mitnehmen, werde ich Sie wie einen Hund erschießen.«

Oscar Wilde übersiedelt ins Cadogan Hotel

Oscar Wilde zieht sich nach dem Freispruch seines Prozessgegners ins Cadogan Hotel zurück, in dem sein Geliebter Lord Douglas schon seit fünf Wochen logiert. Er weiß von seinem Anwalt, dass seine Verhaftung nach der Niederlage gegen Queensberry nur eine Frage der Zeit ist. Wildes Frau Constance – die bis zu dem aufsehenerregenden Prozess nichts von seinem Doppelleben wusste – steht jetzt zu ihm und hofft, dass er sich ins Ausland absetzen werde. Doch er will nicht »wie ein gewöhnlicher Verbrecher« flüchten. Als es in London überhaupt kein anderes Thema mehr als Oscar Wildes Verfehlungen zu geben scheint, nimmt Constance ihre Söhne aus der Schule, um ihnen die öffentliche Schande zu ersparen. Die Kinder reisen mit ihrer französischen Gouvernante in die Schweiz, während Constance in London bleibt, um Oscar beizustehen. »Was wird aus meinem Mann werden, der mich so verraten und betrogen hat?«, fragt sie. »Mein ganzes Leben ist in Scherben zerbrochen.«

Freunde flehen ihn an, sich ins Ausland abzusetzen

Auch seine im Cadogan Hotel anwesenden Freunde flehen Oscar Wilde an, den nächsten Zug nach Dover zu nehmen und sich per Schiff und Bahn über Calais nach Paris abzusetzen.

Tatsächlich hätte er den nächsten Zug, der um 17.30 Uhr von der Victoria Station abgefahren wäre, noch erreichen können, aber Oscar Wilde ist nicht in der Lage, seine letzte Chance wahrzunehmen und lässt sich stattdessen in Gesellschaft seiner Freunde mit Champagner volllaufen – in einem völlig verrauchten Zimmer: Oscar Wilde rauchte täglich hundert Zigaretten.

Um fünf Uhr Nachmittag erscheint im Cadogan Hotel ein dem Dichter gutgesinnter Reporter des *Star*, um ihm mitzuteilen, dass soeben ein Haftbefehl gegen ihn ausgestellt wurde. Auf Wildes Bett liegt ein zur Flucht vorbereiteter, halbgepackter Koffer, und der Dichter hat auch Geld von der Bank holen lassen, aber er ist wie gelähmt und rührt sich nicht aus seinem Appartement: »Ich werde bleiben«, sagt er, »und meine Strafe abbüßen – ganz gleich wie sie ausfällt.«

Zehn Minuten nach sechs klopft es an der Tür von Oscar Wildes Appartement im Cadogan Hotel. Der Hoteldiener tritt ein, gefolgt von zwei Kriminalbeamten von Scotland Yard. Einer von ihnen sagt: »Wir haben einen Haftbefehl gegen Sie, Mr. Wilde. Sie werden bezichtigt, unzüchtige Handlungen vorgenommen zu haben.« Wilde erhebt sich, nimmt Mantel, Handschuhe und einen gelb eingebundenen Roman an sich und verlässt das Hotel als Häftling.

»Wir haben einen Haftbefehl für Sie, Mr. Wilde«

Dem bereits abgeschlossenen Zivilverfahren folgt nun ein Strafprozess, in dem Oscar Wilde der Beschuldigte ist. Die Anklage lautet auf »grobe Unzucht«, begangen im privaten Bereich mit Personen des eigenen Geschlechts. Der Schriftsteller, dem die ästhetische Ausstrahlung immer über alles ging, wird zur Höchststrafe von zwei Jahren Zuchthaus mit schwerer Zwangsarbeit verurteilt.

Mit Antritt der Haftstrafe ist Oscar Wildes literarische Stellung vernichtet. Sein Name verschwindet von den Plakaten der Theater, in denen seine Stücke vor immer noch ausverkauftem Haus laufen, einige Tage später werden sie – in London wie in New York – vom Spielplan genommen.

In den zwei Jahren ebenso harter wie demütigender Zwangsarbeit wird Wildes Gesundheit ruiniert. Seine Frau, die ihn einmal im Zuchthaus in Reading besucht, ist vom Zustand ihres Mannes erschüttert und beschreibt ihn als »vollkommenes Wrack«.

Nach seiner Entlassung ist Oscar Wilde ein gebrochener Mann

Oscar Wildes Entlassung aus dem Gefängnis erfolgt am 19. Mai 1897. Er ist ein gebrochener Mann. Gesellschaftlich geächtet, künstlerisch und finanziell ruiniert, verfällt er dem Alkohol und lebt unter dem Namen Sebastian Melmoth in Italien und Frankreich. Sein letzter Wohnort ist Paris.

Noch einmal verschlägt es den so hart geprüften Dichter in ein Hotel. Diesmal endgültig. Oscar Wilde stirbt am 30. November 1900 im Alter von 46 Jahren im L'Hôtel (heute Hôtel d'Alsace) in der Seine-Metropole, vermutlich an einer Hirnhautentzündung, andere Quellen sprechen von Syphilis. Hoch verschuldet wie er war, soll er in Anspielung auf den Komfort seines letzten Zimmers gesagt haben: »Ich sterbe über meine Verhältnisse.«

Die letzten Stunden der Prinzessin Diana
Das Hotel Ritz in Paris

Mein erster Besuch im Ritz ging voll daneben. Der goldbetresste Portier war schon daran, uns die schwere Glastüre zu öffnen, doch in diesem Moment kam unser Sohn mit dem Skateboard vorgefahren, um mit uns Einlass in die Hotelbar zu finden. »Excusez-moi«, flötete der Doorman in ausgesuchter Höflichkeit, »nous sommes complets«. In einem der besten und berühmtesten Hotels der Welt findet sich Platz für Leute, die im Lamborghini, im Mercedes oder im Bentley vorfahren. Derlei Limousinen parken auch vor der Tür. Aber sicher nicht mit einem Skateboard.

Wir haben es dann noch ein Mal probiert – ohne Bentley zwar, dafür aber auch ohne Skateboard, und wurden problemlos ins Hotel dirigiert. Durch jene Tür, durch die einst Prinzessin Diana schritt, als sie ihren letzten Weg antrat.

Das Ritz war lange schon ein berühmtes Nobelquartier, als dort durch die hoteleigenen Überwachungskameras ein Video aufgenommen wurde, das um die Welt gehen sollte. Es zeigt, wie die britische Prinzessin Diana und ihr Freund

Prinzessin Diana (1961–1997), Ehefrau des britischen Thronfolgers Charles, seit 1996 geschieden

Dodi Al-Fayed das Ritz verlassen – um nie wieder lebend gesehen zu werden.

Das am prachtvollen Place Vendôme gelegene Hotel war der weltweit erste Tourismusbetrieb, der in seinen Appartements über Heizung, Bad und – in den sogenannten »Herrenzimmern« – über Telefon verfügte. Modezarin Coco Chanel wohnte hier ununterbrochen von 1936 bis zu ihrem Tod 1971. Nach der *Coco Chanel Suite*, in der sie lebte und starb, wird immer noch gefragt, weil viele Gäste – trotz des stolzen Preises von 5100 Euro pro Nacht – genau dort Logis nehmen wollen.

Eine der weltweit besten Hoteladressen: das Ritz an der Pariser Place Vendôme

César Ritz, der die 1705 errichtete Fürstenresidenz gegen Ende des 19. Jahrhunderts als glanzvolles Hotel erstehen ließ, ist die wohl herausragendste Persönlichkeit unter den europäischen Hoteliers. Der gebürtige Schweizer durchlief die klassische Karriere vom Schuhputzer über den Piccolo, Koffer- und Gepäckträger zum Zimmerkellner. Mit 23 Jahren gelangte er nach Paris, wo er im Nobelrestaurant Les Trois Frères Provençaux erstmals mit Künstlern und gekrönten Häuptern in Kontakt kam und sich ein entsprechendes Auftreten aneignete. Weitere Stationen waren Wien, Nizza, Cannes und Biarritz, im Grandhotel National in Luzern nahm er erstmals den Posten eines Direktors ein. In London baute er das Carlton und das Savoy auf, in Frankfurt den Frankfurter Hof.

1898 eröffnete der Mann, dem nachgesagt wird, »den Luxus erfunden zu haben«, das erste Grandhotel, das seinen Namen trug: Le Ritz in Paris wurde zum Inbegriff von Glamour und Überfluss. Monsieur Ritz erkannte, dass ein Hotel in der Gründerzeit nicht mehr allein von den Angehörigen des Hochadels frequentiert werden konnte, und öffnete seine Türen dem wohlhabenden Großbürgertum der Belle Époque, das die aristokratischen Lebensformen dankbar annahm. Diese damals revolutionäre Strategie – und sein kongenialer Küchenchef Auguste Escoffier – verhalfen dem Ritz zum Durchbruch.

Finanziert wurde das Unternehmen, so wird erzählt, vom reichen Weinbauern Louis-Alexandre Marnier, dem César Ritz die Idee lieferte, seinen Likör *Grand Marnier* zu nennen. Aus Dankbarkeit für diesen königlichen Einfall gab er Ritz das Startkapital für sein Hotel, das später ebenso

César Ritz (1850–1918), gebürtiger Schweizer, wurde als »König der Hoteliers« bezeichnet

luxuriöse Dependancen in Baden-Baden, Cannes, London, Rom und Madrid eröffnete.

Zu den Stammgästen des Pariser Ritz zählten Englands späterer König Edward VII., der César Ritz als »König der Hoteliers und Hotelier der Könige« bezeichnete. Weiters verkehrten hier Jean Cocteau und Marcel Proust, der sich im Ritz Anregungen für seine literarischen Figuren holte. Und Ernest Hemingway war ein so treuer wie trinkfester Gast der Hotelbar, dass sie heute noch seinen Namen trägt.

Irving Berlin (1888–1989), US-amerikanischer Musiker russischer Herkunft

Schließlich ließ sich der amerikanische Komponist Irving Berlin 1929 im Hotel zu seinem Evergreen *Puttin' on the Ritz* inspirieren, und Coco Chanel scheute nicht davor zurück, auch während der deutschen Besatzungszeit im Ritz ihren Dauerwohnsitz zu behalten. Mehr noch, die fast Sechzigjährige teilte 1941 ihre Suite mit ihrem Liebhaber, dem um dreizehn Jahre jüngeren deutschen Botschaftsattaché Hans Günther von Dincklage. Was ihr allerdings nicht gelang, war die Herstellung eines Separatfriedens zwischen Großbritannien und dem Deutschen Reich, für den Mademoiselle Chanel ihre Beziehungen zu Herrn von Dincklage und Winston Churchill einsetzen wollte.

César Ritz hat das nicht mehr erlebt. Ständig zwischen einem Dutzend Hotels in ganz Europa, die er persönlich leitete, hin und hergerissen, erlitt er mit 53 Jahren einen körperlichen Zusammenbruch, der mit einer tiefen Depression einherging. Ritz musste seinen geliebten Beruf an den Nagel hängen und starb im Oktober 1918 im Alter von 68 Jahren in einem Schweizer Sanatorium. Das Szepter übernahmen seine Frau Marie-Louise und sein Sohn Charles, der das Ritz bis zu seinem Tod 1976 leitete.

Die klassische Karriere: Schuhputzer, Piccolo, Koffer- und Gepäckträger, Zimmerkellner: César Ritz, die herausragende Persönlichkeit unter den europäischen Hoteliers

Drei Jahre nach Charles Ritz' Tod kaufte der Ägypter Mohamed Al-Fayed – damals Besitzer des Kaufhauses *Harrods* in London – für 25 Millionen Dollar das zu diesem Zeitpunkt schon etwas heruntergekommene Nobelhotel, das er dann um 250 Millionen Dollar zu einem *Leading Hotel of the World* aufmöbelte. Der Milliardär konnte nicht ahnen, dass das Ritz seinem Sohn – gemeinsam mit Prinzessin Diana – zum Schicksal werden sollte.

Mohamed Al-Fayed kauft das Ritz Hotel in Paris

Das Liebespaar langt am 30. August 1997 in Paris ein. Die Prinzessin von Wales lebt seit fünf Jahren von ihrem Mann Charles getrennt, seit einem Jahr ist das einstige Kronfolgerpaar geschieden. Diana führt ein unstetes Leben, widmet sich sozialen Projekten, geht Beziehungen ein, die nicht lange halten.

153

*Der Mann,
von dem Diana
glaubt, dass er
der Richtige sei*

Seit einigen Wochen ist sie in Dodi Al-Fayed verliebt, einen Playboy, der bereits Affären mit Brooke Shields, Britt Ekland, Daryl Hannah und anderen ebenso schönen wie berühmten Frauen hatte und von dem Diana glaubt, dass er der Richtige sei. Das Paar wird ständig von Paparazzi verfolgt, die es in inniger Umarmung auf Al-Fayeds Yacht *Jonikal*, in Cabrios und auf der Flucht vor der Reportermeute zeigen. »Für ein Liebespaar waren Diana und Dodi beunruhigend viel unterwegs«, beschreibt Diana-Biograf Donald Spodi die kurze, rastlose Zeit, die den Beiden gegeben war. »Heute hier, morgen da, sie eilten von Küste zu Küste, Insel zu Strand, Stadt zu Land, gönnten sich kaum jemals Ruhe – sie jagten von einem Ort zum anderen und versteckten sich nicht so sehr vor der Presse als vielleicht eher vor den Fragen, die sie sich selbst hätten stellen müssen. Besinnungslos hasteten sie weiter, immer weiter. War je Zeit für einen Blick nach innen?«

Am letzten Tag ihres Lebens beenden Dodi Al-Fayed und Diana ihren Liebesurlaub und fliegen vom Airport in Olbia auf Sardinien nach Paris. Die Urlaubsfotos werden der Yellow Press nach dem Tod des Paares um 750 000 DM angeboten.

*»Die Paparazzi
produzieren
Material für den
Nachruf«*

Kaum in Le Bourget gelandet, »können wir jede Minute, die ihr noch bleibt, mitverfolgen«, schreibt Renate Daimler in ihrem Buch über Prinzessin Diana. »Die Paparazzi und Kameraleute produzieren – ohne es zu wissen – schon Material für ihren Nachruf. Diana verbringt ihre Zeit wie an den meisten Tagen, seit sie zum begehrtesten Objekt der Begierde geworden ist. Sie wird gejagt.«

Um 16.35 Uhr zeichnen die Sicherheitskameras des Hotels ihre Ankunft im Ritz auf. Das Paar wird in die Präsidentensuite geleitet, die die Prinzessin bald wieder verlässt, um zum Hausfriseur zu gehen, und Al-Fayed kauft schnell noch etwas Schmuck beim Hoteljuwelier, mit dem er die Geliebte verwöhnen möchte. Um 19 Uhr fährt das Paar in Dodi Al-Fayeds Privatwohnung in der Rue Arsène-Houssaye in der Nähe des Triumphbogens. Von hier aus wollten sie ins Bistro Chez Benoit, wo für 20.45 Uhr ein Tisch reserviert war. Doch angesichts der vor dem Haus lauernden Fotografen beschließen sie, das Abendessen im besser geschützten Ritz einzunehmen. Als sie dort um 21.50 Uhr eintreffen, stehen so viele Schaulustige, Fans und Paparazzi vor dem Hotel, dass Diana und Dodi kaum die Türen ihrer Limousine öffnen können. Und wieder werden Fotos geschossen und in alle Welt geschickt. Noch glaubt man, es handle sich um einen ganz normalen Tag im Leben der Prinzessin Diana, wie sie Hunderte schon erlebt hat.

Die Aufzeichnungen der Sicherheitskameras

Sie gehen ins L'Espadon, das Restaurant im Ritz, Diana bestellt Seezunge mit Gemüse, wartet aber nicht, bis die Speisen aufgetragen werden, weil sie von den Gästen an den Nachbartischen ständig angestarrt wird, was sie als unerträglich empfindet. Diana und Dodi beschließen, ihr Essen in der Präsidentensuite einzunehmen.

Abendessen im Restaurant des Ritz Hotels

Obwohl sie innerhalb des Ritz sicher vor lästigen Fotografen sind, begeben sie sich nach dem Essen noch einmal auf die Flucht. Auf die Flucht vor den Gaffern, Adabeis und Paparazzi, die immer noch vor dem Entree des Hotels stehen. Und so fassen sie einen Entschluss, der sie das

155

Leben kosten wird. Sie verlassen das Hotel, weil sie in Al-Fayeds Privatwohnung übernachten wollen.

Sie werden dort nicht mehr ankommen. Einmal noch, ein letztes Mal, nimmt das Videosystem um 0.06 Uhr das Paar beim Verlassen des Hotels auf.

Paris, 30. August 1997: Die Videokamera zeigt, dass Prinzessin Diana das Hotel Ritz um 21.50 Uhr betritt. Zwei Stunden später wird sie es wieder verlassen. Zur letzten Ausfahrt ihres Lebens

Es ist mittlerweile Sonntag, der 31. August 1997. Das Paar steigt in den vor dem Ritz parkenden Mercedes 280 S, der vom Sicherheitschef des Hotels, Henri Paul, gelenkt wird; mit im Wagen ist auch der Leibwächter Trevor Rees-Jones.

Wie sich bei der Autopsie seines Leichnams herausstellen wird, hat der Fahrer Henri Paul 1,8 Promille Alkohol im Blut, dazu kommen noch schwere Medikamente, die die Fahruntauglichkeit des alkoholkranken Sicherheitschefs deutlich verstärken. Henri Paul führt die 36-jährige

Prinzessin Diana, den 42-jährigen Dodi Al-Fayed – und sich selbst – um 0.25 Uhr in den Tod.

Nach dem Unfall wird Dodis Vater Mohammed Al-Fayed behaupten, dass der britische Geheimdienst für den Tod seines Sohnes und der Prinzessin verantwortlich sei. Sämtliche Gerichtsverfahren ergaben jedoch, dass es sich um einen Unfall infolge Alkoholisierung am Steuer und überhöhter Geschwindigkeit handelte.

Alkohol und überhöhte Geschwindigkeit

Das Unglück passiert an der Place de l'Alma, die auch nach zwei Jahrzehnten noch eine Wallfahrtstätte ist. Eine Wallfahrtsstätte, an der sowohl die Bewohner von Paris als auch Tausende Touristen Blumen hinterlegen, um der »Prinzessin der Herzen« zu gedenken.

Henri Paul rast in eine Unterführung, die an der Place de l'Alma in die Tiefe führt. Er verliert die Kontrolle über den Wagen, die Hinterräder brechen aus, alle vier Insassen werden gegen einen Stahlbetonpfeiler geschleudert. Ihre Körper sind im Autowrack eingeklemmt.

Dodi Al-Fayed und der Fahrer Henri Paul sterben noch am Unfallort, der Leibwächter Trevor Rees-Jones wird als einziger Fahrzeuginsasse – mit schwersten Verletzungen – überleben.

Die den Mercedes verfolgenden Paparazzi bleiben stehen und fotografieren das Autowrack, statt die Rettung zu verständigen. Mehrere Fotografen werden später wegen unterlassener Hilfeleistung zu Haftstrafen verurteilt. Zufällig kommt ein junger Arzt vorbei, der – ohne zu wissen, um wen es sich handelt – Diana Erste Hilfe leistet.

Ein Arzt leistet Diana Erste Hilfe

Um 2.05 Uhr wird sie ins Krankenhaus Pitié-Salpêtrière eingeliefert. Die Ärzte diagnostizieren, dass die Prinzessin

»unter sehr starken Blutungen im Brustkorb litt, unmittelbar gefolgt von einem Herzstillstand«. Um vier Uhr früh wird Diana vom Krankenhaus offiziell für tot erklärt.

Sie wird am 6. September 1997 mit einer Messe in Westminster Abbey verabschiedet. Drei Millionen Menschen nehmen an dem Trauerzug teil, 2,5 Milliarden sehen die Trauerfeier weltweit im Fernsehen, die damit das bisher meistgesehene Medienereignis war.

Das Ritz und der Tod. Schon Ernest Hemingway hatte sein Stammhotel mit dem Sterben in einen Zusammenhang gebracht, als er sagte: »Wenn ich von einem Leben nach dem Tod träume, dann findet es immer im Ritz in Paris statt.«

Raubmord im Bristol
Ein ungewöhnlicher Kriminalfall im Wiener Luxushotel

Das Bristol ist einer der monumentalsten Bauten der Wiener Ringstraße und zählt mit seinen fünf Sternen zu den besten Hotels der Stadt. Im Vorkriegsjahr 1913 aus mehreren Wohnhäusern zu einem Hotelpalast mit 230 Salons und Schlafzimmern zusammengefasst, gehörte die Sirk-Ecke – benannt nach der Lederwarenhandlung im Erdgeschoß – schon im Fin de siècle zu den Hauptattraktionen der Haupt- und Residenzstadt. Hier traf sich, was Rang und Namen hatte, zum »Ringstraßenkorso«, bei dem während des Flanierens auf der Nobelmeile so mancher Geschäftsabschluss – und so manche Liebschaft – begründet wurden. Im Bristol zu wohnen, war mondän, hier nächtigten der frühere amerikanische Präsident Theodore Roosevelt, der Komponist Giacomo Puccini und Weltstar Enrico Caruso – immer dann, wenn er in der gegenüberliegenden Hofoper gastierte. Niemand konnte sich vorstellen, dass just diese feine Adresse zum Schauplatz einer schrecklichen Bluttat werden sollte.

Die Sirk-Ecke als Attraktion der Ringstraßenzeit

Die unaufdringliche Eleganz des Hauses war der Grund, warum sich das betagte Ehepaar Baron Fortunat und

159

Im Bristol traf sich, wer Rang und Namen hatte: der Hoteleingang zum Kärntner Ring

Emma von Vivante immer in den Wintermonaten bis in den Frühling hinein im Bristol einmietete. Der wohlhabende Triestiner Bankier und seine Frau kamen jedes Jahr in Begleitung ihrer englischen Gesellschaftsdame Julie Earl. Am 23. Mai 1918 sollte es zu einer Katastrophe kommen, durch die das »Hotel ersten Ranges« in die Schlagzeilen der Boulevardblätter geriet, in denen man es am allerwenigsten vermutete.

Um 17 Uhr an diesem Tag wurde die britische Staatsbürgerin Julie Earl von einem Hotelangestellten in ihrem Zimmer ermordet aufgefunden. Das Verbrechen in so ungewöhnlichem Milieu sorgte in dem kurz vor dem Zusammenbruch stehenden Kaiserreich für riesiges Aufsehen.

Der oder die Täter hatten Miss Earl zunächst mit den Schlägen einer Keule, die sie am Tatort zurückließen, in Ohnmacht versetzt und ihr danach mit einem Rasiermesser die Kehle durchschnitten. Wie die Beamten des Wiener Sicherheitsbüros herausfanden, hatten die Dienstgeber des Mordopfers – das Ehepaar Vivante – das Hotel gegen 13.30 Uhr verlassen, um in der Stadt Einkäufe zu erledigen.

Kurz vor 16.30 Uhr erscheint Julie Earl bei dem für den Hotelsafe zuständigen Concierge, um sich die dort aufbewahrte Krokodilledertasche der Baronin Vivante aushändigen zu lassen, in der 50 000 Kronen* Bargeld, wertvoller Schmuck und das Testament der alten Dame aufbewahrt sind. Da die Handtasche nicht in den Safe zurückgebracht wird, liegt für die ermittelnden Polizisten der Verdacht eines Raubmordes nahe.

Julie Earl holt Geld und Schmuck aus dem Hotelsafe

Als Baron und Baronin Vivante von ihren Einkäufen ins Hotel zurückkehren, ist das Haus voller Kriminalbeamter. Zwei von ihnen nehmen das Ehepaar beiseite und teilen ihm möglichst schonend mit, dass seine Gesellschaftsdame, noch dazu auf so bestialische Art und Weise, ums Leben gekommen sei. Die Vivantes stehen unter schwerem Schock, ist doch das englische Fräulein eine seit sechzehn Jahren treu und zuverlässig für sie tätige Vertrauensperson. Frau von Vivante gibt zu Protokoll, dass sie Julie – die über jeden Verdacht erhaben ist – keinen Auftrag erteilt habe, die Tasche aus dem Safe zu holen. Den Beamten der Mord-

---

* Entspricht laut »Statistik Austria« im Jahr 2016 einem Betrag von rund 20 000 Euro.

kommission ist klar, dass der oder die Täter sowohl mit den Lebensgewohnheiten des Ehepaares Vivante als auch mit der Gesellschaftsdame vertraut gewesen sein müssen.

DIE ERMORDETE
JULIE EARL

Das Mordopfer in einer Zeichnung des Illustrierten Wiener Extra-blattes, *25. Mai 1918*

Bei der Befragung des Hotelpersonals wird bekannt, dass ein Neffe der Baronin, der 32-jährige Wiener Versicherungsbeamte Emmo Davit, etwa zur Tatzeit im Bristol gesehen wurde. Man kennt ihn, weil er sich hier des Öfteren schon aufgehalten und seine vermögenden Verwandten um Geldzuwendungen gebeten hat. Auch stellt sich heraus, dass Davit an diesem Nachmittag Fräulein Earl zum Fünf-Uhr-Tee in die Anglo-American Bar des Bristol eingeladen hat.

Gesellschaftsdamen gehörten damals einem in der Oberschicht weit verbreiteten Berufsstand an. Sie erfüllten eine für Ehefrauen wichtige Funktion, weil Damen von Welt ohne Begleitung nirgendwo hingehen konnten. So sorgten Gesellschaftsdamen dafür, dass der gute Ruf einer verheirateten Frau gewahrt blieb, weshalb es Grundbedingung war, dass auch sie selbst über einen makellosen Leumund verfügten. Meist waren ältere Fräuleins oder Witwen als Gesellschaftsdamen tätig.

Julie Earl war mit ihren vierzig Jahren so ein »älteres Fräulein«. Sie war nie verheiratet oder auch nur in einer Beziehung gewesen und hatte es daher als besonders schmeichelhaft empfunden, dass Emmo Davit ihr seit Längerem schon den Hof machte und sogar von einer »gemeinsamen Zukunft« sprach. Aber zum Fünf-Uhr-Tee in der Bristol-Bar, das steht fest, sind die beiden nicht erschienen. Die Polizei leitet eine Großfahndung nach dem Versicherungsagenten ein und findet ihn noch am Abend der Tat gegen 19 Uhr in seiner Wohnung an.

Emmo Davit spricht von einer gemeinsamen Zukunft

Die Methode, durch Abnahme von Fingerabdrücken Beweise zu sammeln, war zur Jahrhundertwende durch den britischen Naturwissenschafter Francis Galton entwickelt worden und konnte im Fall des verdächtigen Emmo Davit bereits angewandt werden. Doch zum großen Erstaunen der Kriminalisten zeigte sich, dass die am Tatort gefundenen Spuren nicht mit seinen übereinstimmten. Die ermittelnden Beamten waren dennoch überzeugt, dass der Neffe des Ehepaares Vivante mit dem Mord in Verbindung stand. Es musste also einen Komplizen geben.

Über die Versicherung, für die Emmo Davit tätig ist, findet man am Tag nach der Tat heraus, dass dieser in letzter Zeit mit einem 17-jährigen Praktikanten namens Kurt Franke engen Kontakt hatte. Die Information erweist sich als Volltreffer: In Frankes gemieteter Dachkammer wird die gesamte Beute des Raubmordes gefunden. Auch stimmen seine Fingerabdrücke mit denen am Tatort überein.

Der Kriminalfall erregt trotz der Kriegswirren so großes Aufsehen, dass sogar der legendäre »rasende Reporter« Egon Erwin Kisch darüber berichtet. »Nur das Mordinstrument fehlt noch, das Rasiermesser«, schreibt er ein wenig süffisant über die Arbeit der Kriminalpolizei. »Wo kann es sein? Es ist in der Wohnung Frankes, mit teuflischer Kaltblütigkeit hatte er es auf seinen Waschtisch gelegt, aber die Sherlock Holmes fanden es doch – das Geheimnis ist gelüftet.«

Treffpunkt ist Julie Earls Dienstbotenzimmer

Vor Gericht »lüften« dann Davit und Franke, wie sie das Verbrechen durchführten. Als Treffpunkt hatte Emmo Davit mit Julie Earl deren Dienstbotenzimmer vereinbart, das angrenzend an Herrn und Frau Vivantes Appartement 51/52 im ersten Stock des Bristol lag. Von hier aus wollte man in die Hotelbar gehen. Doch davor bat Davit das englische Fräulein noch, die Krokotasche seiner Tante aus dem Safe zu holen, weil er – schon der »gemeinsamen Zukunft« wegen – in deren Testament Einblick nehmen wollte. Julie Earl war in ihrer Verliebtheit damit einverstanden, doch als sie vom Safe zurückkam, stand plötzlich auch Franke in ihrem Zimmer. Er attackierte die Engländerin, bis sie starb.

Geplant war, ihre Leiche in einem von Franke mitgebrachten Strohkoffer aus dem Hotel zu bringen, um so den Verdacht in die Welt zu setzen, Julie Earl hätte Geld und Schmuck gestohlen und wäre damit durchgebrannt. Die

Täter wagten es dann aber nicht, die Tote aus dem Haus zu schaffen, da sich in der Hotelhalle viele Gäste aufhielten. So ließen sie Leiche und Koffer in Earls Zimmer und flüchteten mit Frau von Vivantes Krokotasche.

Der Mordfall ist im Wiener Kriminalmuseum dokumentiert und von Harald Seyrl in allen Details aufgearbeitet. Den ebenfalls aufliegenden Gerichtsakten ist zu entnehmen, dass Emmo Davit der Planung und Anstiftung des Raubmordes für schuldig befunden und zum Tod durch den Strang verurteilt wurde. Kurt Franke erhielt als minderjähriger Komplize eine Strafe von fünfzehn Jahren schweren Kerkers. Am 26. Jänner 1919 beschloss der deutsch-österreichische Staatsrat – Österreich war mittlerweile zur Republik Deutsch-Österreich geworden – die Todesstrafe gegen Davit in lebenslängliche Haft umzuwandeln.

Nach dem Zweiten Weltkrieg diente das Bristol den in Wien stationierten Amerikanern als Hauptquartier.

Ungewöhnlicher Tatort: das noble Hotel Bristol an der Wiener Ringstraße

165

Helmut Newton fährt gegen die Wand ...
... des Hotels Chateau Marmont in Hollywood

Als ich das Chateau Marmont zum ersten Mal betrat, konnte ich sie direkt spüren, die Atmosphäre der Legenden in der Filmmetropole, die hier ein- und ausgingen. Dass das Hotel ein wenig heruntergekommen wirkt, gehört zum unbezwingbaren Charme der Künstlerabsteige, in der einst Erroll Flynn, Humphrey Bogart und Robert Mitchum nächtigten. Und in der Robert de Niro zwei Jahre lang permanent gewohnt hat.

James Dean springt durchs Fenster

Während der Aufenthalt dieser Herren ziemlich skandalfrei verlief, kann man das von anderen Gästen des schlossartigen Gebäudes am Sunset Boulevard ganz und gar nicht behaupten: James Dean sprang 1955 durch ein Fenster des Chateau Marmont, um für seine spätere Rolle in *Denn sie wissen nicht, was sie tun* vorzusprechen. Der Rockmusiker Jim Morrison fiel 1971 vom Dach seines zweistöckigen Bungalows im Marmont. Die Mitglieder der Rockband Led Zeppelin durchquerten die Lobby des Luxushotels auf Motorrädern. Und am 5. März 1982 starb der 33-jährige John Belushi im Bungalow 3 an einem überdosierten Mix von Heroin und Kokain. Relativ harmlos wiederum: Die Popsängerin Britney Spears erhielt Hausverbot, nachdem sie sich im Hotelrestaurant Essen ins Gesicht geschmiert hatte. Und auch Lindsay Lohan darf das Hotel nicht mehr betreten – in ihrem Fall wegen nicht beglichener Rechnungen in Höhe von 46 000 Dollar.

Ein »Chateau« inmitten von Hollywood, fragte ich ein Mitglied der Direktion, wie gibt's denn das? Und erhielt als Antwort, dass *das* Bohème-Hotel der amerikanischen Filmmetropole 1929 nach dem Vorbild des französischen Königsschlosses Amboise im Loiretal gebaut wurde, in dem Karl VIII. im Jahr 1498 tödlich verunglückte, als er mit dem Kopf gegen einen niedrigen Türdurchbruch stieß.

Wie dem Schauspieler John Belushi wird das Chateau Marmont auch dem weltberühmten Fotografen Helmut Newton zum Schicksal, als er am 23. Jänner 2004 die Kontrolle über seinen Wagen verliert. Der 83-jährige Künstler will – alleine in seinem Auto fahrend – gegen Mittag das

Der unbezwingbare Charme einer Künstlerabsteige, mitten in Hollywood: das Chateau Marmont

167

Hotel verlassen und beschleunigt am hoteleigenen Parkplatz dermaßen, dass er, Augenzeugenberichten zufolge, auf der gegenüberliegenden Straßenseite gegen eine Wand kracht. Newton wird von der Sanität in das *Cedars-Sinai Medical Center* überstellt, wo er wenig später seinen Verletzungen erliegt. Sein Cadillac wurde bei dem Crash total zertrümmert. Als Unfallursache wird vermutet, dass er am Steuer seines Fahrzeugs einen Herzinfarkt erlitt.

Helmut Newton (1920–2004), weltberühmter Fotograf deutscher Herkunft

Die Bilder des als Mode-, Porträt- und Aktfotograf weltberühmt gewordenen Helmut Newton werden in Museen in aller Welt gezeigt, seine Aufnahmen erschienen in den Magazinen *Vogue, Elle* und *Playboy*. Drei Monate vor seinem Tod überließ er der Stiftung Preußischer Kulturbesitz in Berlin eine umfassende Fotosammlung, die in der ehemaligen Kunstbibliothek am Bahnhof Zoo untergebracht wurde.

Newton zählte zwar zu den bedeutendsten Fotografen seiner Zeit, seine eigenwilligen und manchmal auch schockierenden großformatigen erotischen Frauenbilder – wie *The Big Nudes* – wurden aber auch als frauenfeindlich abgelehnt. Vor allem von der Feministin Alice Schwarzer, die erklärte, dass er seine Modelle erniedrigend dargestellt hätte. Der Künstler entgegnete solchen Vorwürfen damit, Frauen immer als starke Persönlichkeiten und nie als Opfer zu zeigen.

Als Sohn eines deutsch-jüdischen Knopffabrikanten und einer Amerikanerin 1920 in Berlin zur Welt gekommen, hatte Helmut Neustädter, wie er eigentlich hieß, mit zwölf Jahren mit einer Kodak-Kamera seine ersten Fotos geschossen. 1938 flüchtete er mit seiner Familie vor den National-

168

sozialisten zunächst nach Singapur und später nach Australien, seit den 1950er-Jahren lebte er mit seiner Frau June in Paris und Monte Carlo. Die Wintermonate verbrachte das kinderlose Paar in Los Angeles.

Seinem Wunsch entsprechend, wurde Helmut Newton in seiner Geburtsstadt Berlin beigesetzt.

Erlitt am Steuer seines Wagens im Chateau Marmont einen Herzinfarkt: Meisterfotograf Helmut Newton

Das Chateau Marmont ist ein Wahrzeichen von Hollywood, ein alter Kasten mit Stil, aber in dem Hotel Ruhe zu finden, ist eher etwas für Schwerhörige. Genau dort gelegen, wo es nachts am Sunset Boulevard am heißesten hergeht, dürfte die Einschlafquote für die Bewohner bei Null liegen. Der freundliche Portier ist auf diesbezügliche Anfragen vorbereitet und händigte mir eine Packung Ohropax aus, mit deren Hilfe ich dann doch tief und fest schlafen konnte. Am nächsten Morgen stellte sich leider heraus,

169

dass ich den Wattebausch so tief ins linke Ohr gesteckt hatte, dass er nicht mehr herauszuholen war. Nach längeren ergebnislosen Selbstversuchen blieb mir nichts anderes übrig, als in besagtes *Cedars-Sinai Medical Center* zu fahren, um mir den Ohrenschutz fachärztlich mittels Pinzette herausholen zu lassen. Die »Operation« dauerte 30 Sekunden und kostete 300 Dollar. Aber was tut man nicht alles, um seinen Kindern erzählen zu können, man hätte einmal im Chateau Marmont genächtigt.

Thomas Mann am Zauberberg
Zur Inspiration ins Kurhotel in Davos

Die Kur war aus medizinischer Sicht wahrscheinlich sinnlos. Dafür hat sie ein wichtiges Kapitel Literaturgeschichte geschrieben. Den Ursprung des Romans *Der Zauberberg* bildet die wahre Begebenheit, dass Thomas Manns Frau Katia sich nicht wohlfühlte und deshalb von mehreren Ärzten untersuchen ließ. Der erste diagnostizierte einen »Lungenspitzenkatarrh«, der zweite »Temperaturunregelmäßigkeiten« und der dritte tippte auf »Fehldiagnose« seiner beiden Kollegen. Eine Kur in Davos, darüber waren sich jedoch alle einig, könnte nicht schaden. Und so reiste Katia Mann im März 1912 in den beliebten Schweizer Luftkurort, um als eine der ersten Patientinnen im eben eröffneten Waldsanatorium Quartier zu nehmen. Sie blieb ganze sechs Monate.

Thomas Mann lernt die abgeschlossene Welt einer Lungenheilstätte zunächst durch mehrere Briefe seiner Frau kennen, ehe er ihr von Mitte Mai bis Mitte Juni einen Besuch abstattet und sich selbst in der dem Sanatorium benachbarten Pension Stein einmietet. Täglich bei seiner Frau im Waldsanatorium, berührt ihn die Atmosphäre zwi-

Thomas Mann (1875–1955), deutscher Schriftsteller und Literaturnobelpreisträger

171

schen Krankheit, Eros und Vergänglichkeit. Der Dichter unternimmt ausgedehnte Spaziergänge, die ihn zum prächtigen Jugendstil-Hotel Schatzalp führen. Und diese Kuranstalt wird es sein, die ihn zu einem seiner Hauptwerke, *Der Zauberberg*, inspiriert.

Hier, im Luxussanatorium auf knapp 1900 Meter Seehöhe, begegnet Thomas Mann schwerkranken Fabrikanten, Kaufleuten und Aristokraten, die am Vorabend des Ersten Weltkrieges um jeden Tag ihres Lebens kämpfen. Für ihn ist es der ideale Ort zum Studium menschlicher Ängste und Sehnsüchte, die keinen Aufschub dulden.

Für Thomas Mann war das Kurhotel Schatzalp der ideale Ort zum Studium menschlicher Ängste und Sehnsüchte, die keinen Aufschub duldeten.

Das sonnenverwöhnte Dorf Davos im Kanton Graubünden wurde 1860 vom deutschen Arzt Alexander Spengler als Luftkurort entdeckt. Zwei Jahre später kamen die beiden ersten Tuberkulosepatienten zur Liegekur und reisten als genesen wieder ab. Die Nachricht von der »Wunderheilung« machte schnell die Runde, sodass sich bald Lungenkranke aus aller Welt die Befreiung von der bedrohlichen Volksseuche erhofften, an der damals jeder siebente Mensch in Europa starb.

Als sich Thomas Mann 1912 zum ersten Mal in Davos aufhält, ist der Ort eine florierende Kur- und Fremdenverkehrsgemeinde. In den Privatsanatorien und Kurhotels lassen sich die Reichen, Mächtigen und das wohlhabende Bürgertum mittels Freiluftliegekuren gegen Tuberkulose behandeln, für die Arbeiterschichten gibt es Volkssanatorien und Pensionen. Im Jahr 1910 standen in Davos 8000 Bewohnern mehr als 25 000 Patienten – die meisten aus Deutschland, Russland und Großbritannien – gegenüber. In seiner Blütezeit um 1925 zählte Davos 14 Privatsanatorien, 25 Kurhotels, 216 Pensionen und acht Volksheilstätten mit insgesamt 6200 Betten.

Davos ist damals das Mekka der Tuberkulosekranken

Wenn Thomas Mann nach etwa halbstündigem Spaziergang im Berghotel Schatzalp seine Jause einnimmt, studiert er die morbide Aura, die in frappantem Kontrast zum luxuriösen Lebensstil der Kranken steht. Und er erkennt die dramaturgische Wirkung für ein literarisches Werk. Davos ist als Mekka der Tuberkuloseleidenden ein Schmelztiegel aller sozialer Schichten und Völker Europas. Der kleinräumige Kosmos in den Bergen dient aber auch als Kulisse und Metapher für das nahende Ende einer Epo-

173

che, für den Zusammenbruch der alten Welt. 1921 – als dieser bereits vollzogen ist – wird Thomas Mann im Rahmen einer Vortragsreise noch einmal nach Davos reisen und seine Anwesenheit dafür nützen, um letzte Details zu recherchieren.

Im Roman erzählt er dann von einem Besuch des Hamburger Patriziersohnes Hans Castorp bei seinem lungenkranken Vetter im Internationalen Sanatorium Berghof, das dem seit 1900 bestehenden Hotel Schatzalp nachempfunden ist. Die Welt der in ihren Liegestühlen auf Heilung hoffenden Tuberkulosekranken zieht Castorp dermaßen in seinen Bann, dass er während seines Aufenthalts vom Besucher zum Patienten wird und aus dem für drei Wochen geplanten Aufenthalt sieben Jahre werden. Zum Bleiben veranlasst ihn zunächst eine Liebesnacht mit der verführerischen Russin Clawdia Chauchat – für die Thomas Mann eine tatsächliche Mitpatientin seiner Frau als Vorbild fand. Ein anderer Verehrer Clawdias endet im *Zauberberg* durch Selbstmord.

Aus dem für drei Wochen geplanten Aufenthalt werden sieben Jahre

Thomas Mann weist auf autobiografische Episoden in dem Roman hin – etwa, wenn er Jahrzehnte später, im Exil, als Gastprofessor an der Princeton Universität, seinen Studenten erklärt: »Wenn Sie das Kapitel am Anfang des *Zauberbergs* lesen, das ›Ankunft‹ überschrieben ist, wo der Gast Hans Castorp mit seinem kranken Vetter Ziemssen im Restaurant des Sanatoriums zu Abend speist und die ersten Kostproben von der Atmosphäre des Ortes und dem Leben ›bei uns hier oben‹ empfängt – wenn Sie dieses Kapitel lesen, so haben Sie eine ziemlich genaue Beschreibung meiner eigenen wunderlichen Eindrücke von damals.«

Auch andere persönliche Erlebnisse fließen im *Zauber-berg* ein: Da sich der damals schon berühmte Thomas Mann nur mühsam an die Höhenluft des Kurortes gewöhnt und sogar leichtes Fieber bekommt, sucht er den Chefarzt des Waldsanatoriums, Professor Dr. Friedrich Jessen, auf. Der Mediziner klopft Brust und Rücken ab, prüft die Bron-chien und »stellte mit größter Schnelligkeit eine so genannte Dämpfung, einen kranken Punkt an meiner Lunge, fest.« Mit einem süffisanten Lächeln erklärt der Arzt den Dich-ter »für offenbar etwas tuberkulös und einer sechsmonati-

Er lernte durch einen Aufenthalt seiner Frau die Atmosphäre eines Kurhotels für Lungenkranke kennen: Katia und Thomas Mann

175

gen Kur bedürftig«. Thomas Mann kontaktiert daraufhin seinen Münchner Hausarzt, der ihm die ehest mögliche Abreise empfiehlt. Kaum hat er Davos verlassen, fühlt sich Thomas Mann tatsächlich wieder vollkommen gesund.

Der Primararzt im Roman *Der Zauberberg*, Hofrat Behrens, trägt Züge des Dr. Jessen, insbesondere verfügt auch er über dessen Neigung, seinen Patienten aus ökonomischem Interesse zur Verlängerung ihres Aufenthalts zu raten. Bei seinem Romanhelden Hans Castorp gelingt dies dem Chefarzt – ganz im Gegensatz zu Thomas Mann – wirklich.

Nicht wenige Patienten bleiben bis zu ihrem Tod

Es war in Davos durchaus üblich, dass Patienten Jahre blieben, nicht wenige sogar bis zum Tod. Denn während sie sich in dem Kurort gesund fühlten, tauchten die Symptome, sobald sie ins Flachland zurückkehrten, oft wieder auf.

Thomas Mann beginnt den *Zauberberg* 1913 zu schreiben und stellt ihn – nach zahlreichen Unterbrechungen – 1924 fertig. Das ursprünglich als Kurznovelle geplante Buch wächst auf zwei Bände mit mehr als tausend Seiten an und erreicht nach vier Jahren eine Auflage von 100 000 Exemplaren. Der Roman wird in 27 Sprachen übersetzt und zählt zu den Werken der Weltliteratur. Fünf Jahre nach Erscheinen des *Zauberbergs* erhält Thomas Mann den Literaturnobelpreis – allerdings für *Die Buddenbrooks*.

Wenig glücklich war man in dem auch als Wintersportort beliebten Davos über die zum Teil im *Zauberberg* geschilderte Tristesse der Kranken, weshalb der örtliche Verkehrsverein das Buch als »rufschädigend« bezeichnete und 1936 bei Erich Kästner ein »heiteres Gegenbuch« in Auf-

trag gab. Kästner verfasste den ebenfalls in Davos spielen-
den *Zauberlehrling*, der jedoch ein Romanfragment blieb.

Mittlerweile weiß man auch in Davos zu schätzen, dass
Thomas Mann mit dem – auch mehrmals verfilmten – *Zauberberg* die Grundlage zu einem Ferienort von Weltruf
geschaffen hat.

Das Waldsanatorium, in dem Katia Mann zur Kur weilte,
heißt seit 1957 Waldhotel Bellevue, während die Schatzalp,
die dem Roman zur Vorlage wurde, nach wie vor in ihrer
ursprünglichen Form besteht. Nur dienen die malerischen
Jugendstilterrassen, auf denen die Patienten damals ihre
Tuberkulose auskurierten, heute dem Sonnenbad gesun-
der Hotelgäste, das Röntgenzimmer wurde zur X-Ray-Bar
und der Operationssaal zur Schwimmhalle.

Die Tuberkulose konnte durch Antibiotika in West-
europa weitgehend ausgerottet werden, der Weg zwischen
dem ehemaligen Waldsanatorium und dem auf 1860
Metern gelegenen Hotel Schatzalp trägt heute den Namen
Thomas-Mann-Weg.

*Die Tuberkulose-
krankheit ist
heute in West-
europa weitgehend
ausgerottet*

177

Der Krimi im Watergate Hotel
Richard Nixons tiefer Fall

Die ganze Geschichte beginnt wie ein Dutzendkriminalfall. In der Nacht zum 17. Juni 1972 fällt dem Nachtwächter Frank Wills auf seinem Rundgang durch den Hotel- und Bürotrakt des Watergate Building in Washington auf, dass ein Türschloss zum Treppenhaus mit einem Klebeband manipuliert wurde, um die Tür am Zufallen zu hindern. Er verständigt die Polizei, die fünf Männer auf frischer Tat ertappt und verhaftet.

Richard Nixon (1913–1994), republikanischer Politiker, 37. Präsident der Vereinigten Staaten von Amerika

Niemand ahnte zu diesem Zeitpunkt, dass sich der Einbruch zum größten Politskandal des 20. Jahrhunderts ausweiten würde, an dessen Ende der Präsident der Vereinigten Staaten von Amerika zurücktreten musste.

Wie sich herausstellte, hatten die Eindringlinge versucht, im Hauptquartier der Demokratischen Partei Abhörwanzen zu installieren und Dokumente zu fotografieren. Die Affäre war vor allem deshalb brisant, weil sich der republikanische Präsident Richard Nixon im Herbst des Jahres 1972 der Wiederwahl stellte. Seine Gegner waren Senator George McGovern und Sargent Shriver, der Schwager des ermordeten Präsidenten John F. Kennedy,

178

der für das Amt des demokratischen Vizepräsidenten kandidierte.

Der Einbruch in der demokratischen Zentrale des im sechsten Stock beim Potomac River gelegenen Watergate Hotels erregte vorerst kaum Aufsehen. Polizei und Staatsanwalt sahen die Auftraggeber im Kreis untergeordneter Parteisoldaten, nicht jedoch im Weißen Haus. Der Wahlkampf wurde planmäßig fortgesetzt und Nixon mit mehr als sechzig Prozent der Stimmen triumphal wiedergewählt.

Der amtierende Präsident Richard Nixon im Wahlkampf 1972, aus dem er triumphal hervorging.

179

Der Hintergrund zu der Affäre wäre wohl nie bekannt geworden, hätten sich nicht zwei junge Reporter der *Washington Post* hinter den Fall geklemmt und das wahre Ausmaß erfasst. Sie heißen Bob Woodward und Carl Bernstein und zählen heute noch zu Amerikas prominentesten Journalisten. Die Beiden veröffentlichten – offensichtlich mit Material aus sehr gut informierten Quellen versorgt – ständig neue Details, die Nixon mit dem Kriminalfall in Verbindung brachten.

Nixon weigerte sich, zur Aufklärung beizutragen

Als im März 1973 herauskam, dass der Einbruch im Watergate Building nur die Spitze des Eisbergs weiterer strafbarer Handlungen war – darunter illegale Wahlkampfspenden, der Verkauf von Botschafterposten, die Vertuschung der Polizeiarbeit und eine persönliche Steuerhinterziehung Nixons – wurden die Rufe laut, der Präsident müsse zur Aufklärung der Affäre beitragen. Doch Nixon war nicht bereit, mit dem Untersuchungsausschuss im Senat zusammenzuarbeiten und über die ihm und seiner Partei zur Last gelegten Delikte Auskunft zu geben.

Die Wende kam im Juli 1973. Damals erklärte Nixons Mitarbeiter Alexander Butterfield, dass alle im Oval Office geführten Gespräche aufgezeichnet würden. Daraufhin beantragte Sonderermittler Archibald Cox die Beschlagnahme der Tonbänder, doch Nixon weigerte sich, sie herauszugeben, und wies Justizminister Richardson an, Cox fristlos zu entlassen. Der Minister war nicht bereit dazu und trat zurück. Nun wies Nixon Richardsons Stellvertreter an, den Mitarbeiter zu feuern. Doch auch der nahm lieber seinen Hut, als sich in vermutliche Kriminaldelikte hineinziehen zu lassen. Erst der dritte Mann im Justizministerium gab dem Vertuschungsversuch aus dem Weißen Haus nach.

Doch es half alles nichts, der Oberste Gerichtshof entschied, dass Nixon alle Bänder herausgeben müsste. Und obwohl sich nun herausstellte, dass achtzehn Minuten des Materials gelöscht worden waren, konnte aufgrund der Mitschnitte nachgewiesen werden, dass Nixon über die »Dirty Tricks« gegen die Demokraten zumindest Bescheid wusste.

Nixon wusste über »Dirty Tricks« Bescheid

Der Präsident war derart angeschlagen, dass die Vereinigten Staaten in eine noch nie dagewesene Verfassungskrise schlitterten, die das Repräsentantenhaus – inklusive der Stimmen der Republikaner – veranlasste, ein Impeachment-Verfahren einzuleiten, dessen Ziel die Absetzung Nixons war. Dem kam Nixon am 9. August 1974 zuvor, indem er als erster Präsident in der US-Geschichte zurücktrat.

Auf dem 40 000 Quadratmeter großen Watergate Areal an der Virginia Avenue im Nordwesten von Washington befanden sich mehr als ein Jahrhundert lang die Büros und Werkbetriebe der *Gas Light Company* von Washington. Als man die Gasproduktion 1947 einstellte, wurde der alte Gebäudekomplex abgerissen. Danach sollte die Zentrale der Weltbank auf dem leeren Grundstück errichtet werden, diese entschied sich jedoch für ein anderes Gebäude.

Das Watergate Building wurde in den Jahren 1963 bis 1971 errichtet

Mittlerweile hatte die italienische *Società Generale Immobiliare* das Areal um 25 Millionen Dollar gekauft und in den Jahren 1963 bis 1971 das Watergate Building errichtet. Benannt wurde es nach einem Wassertor (Watergate)

am nahen Potomac River. Der sechzehn Stock hohe
Gebäudekomplex besteht aus einem 350-Zimmer-Hotel-
Bereich, zwei Büro-, drei Appartement-Bereichen sowie
einem Einkaufszentrum und einem mit Schwimmbädern
und Dachterrassen versehenen Luxuswohntrakt. Dieser
zählt zu den beliebtesten Nobelquartieren in Washington
und wird insbesondere von Kongressabgeordneten bevor-
zugt. Der 75 Millionen Dollar teure Rundbau gilt als
»Stadt innerhalb einer Stadt«, die die Bewohner praktisch
nicht verlassen müssen, da sie über alle erforderlichen
Annehmlichkeiten verfügt: einen 24 Stunden dienst-
habenden Empfangschef, ein vom Watergate Hotel be-
triebenes Zimmerservice, einen Gesundheitsklub, Arzt-
ordinationen, eine Apotheke, mehrere Restaurants, ein
Einkaufszentrum, Wein-, Spirituosen- und Lebensmittel-

*Mit dem Einbruch
im Hauptquartier
der Demokrati-
schen Partei im
sechsten Stock
des Waltergate
Building in
Washington wurde
ein Stück amerika-
nischer Geschichte
geschrieben.*

geschäfte sowie eine eigene Poststation. Der gesamte
Bereich des Watergate Building wurde mit einem umfas-
senden Sicherheitssystem versehen, das »das Eindringen
von Einbrechern unmöglich macht«.

Das hat dann am 17. Juni 1972 irgendwie doch nicht so richtig funktioniert. Denn auch wenn sie auf frischer Tat ertappt wurden, sind die Diebe doch ziemlich problemlos in die Büros der Demokratischen Partei gelangt.

Am Tag des Nixon-Rücktritts wurde Vizepräsident Gerald Ford als neuer Präsident vereidigt. Er begnadigte Nixon bezüglich »aller Verstöße, die er gegen die Vereinigten Staaten begangen« habe. Weniger Glück hatten fünfzig Mitarbeiter Nixons, darunter seine engsten Berater John Ehrlichman, Bob Haldeman und John Dean, die zu Haftstrafen verurteilt wurden.

Haftstrafen für Nixons Berater

Nixon bezeichnete die Tat in seinen Memoiren als »idiotisch, da es bei den Demokraten nichts zu erfahren gab, was wir nicht gewusst hätten«. Außerdem wäre sein Wahlsieg längst festgestanden. Während der Ex-Präsident lediglich zugab, an der Vertuschung der Tat beteiligt gewesen zu sein, nicht jedoch am Einbruch im demokratischen Hauptquartier, erklärte Bob Haldeman, sein Personalchef im Weißen Haus, der Präsident selbst habe die kriminelle Aktion angeordnet.

Rund zehn Jahre, nachdem das Watergate durch den gleichnamigen Skandal zum berühmtesten Hotel der Welt geworden war, gerieten die Eigentümer des Superblocks in finanzielle Schwierigkeiten, sodass es zu mehrmaligen Verkäufen und zur Teilung des Gesamtkomplexes auf mehrere Eigentümer kam. Am 21. Juli 2009 sollten Teile des Watergate zwangsversteigert werden, doch da sich kein Bieter fand, gelangte das Gebäude in den Mehrheitsbesitz der *PB Capital*, einem Tochterunternehmen der deutschen *Postbank AG*.

Die Teilung des Watergate- Gebäudekomplexes

Aufgrund seiner aufsehenerregenden Geschichte wurde das Watergate Building am 12. Oktober 2005 dem *National Register of Historic Places* beigefügt. Der Name Watergate wird wohl für alle Zeiten das Synonym für politische Skandale bleiben.

Die Quellen stammen aus dem FBI

Für politische Insider stand von Anfang an fest, dass sich die Journalisten Bob Woodward und Carl Bernstein auf einen Informanten mit erstklassigen Quellen berufen konnten. Sein Name blieb 33 Jahre lang geheim, er war in der Öffentlichkeit unter dem Decknamen »Deep Throat« bekannt. Erst im Mai 2005 erklärte Mark Felt, zum Zeitpunkt der Watergate-Ermittlungen zweiter FBI-Direktor, dass er »Deep Throat« sei und Woodward regelmäßig in einem abgelegenen Parkhaus getroffen habe, um ihn mit Geheimdienstmaterial zu versorgen. Bob Woodward bestätigte dies.

Die Watergate-Affäre hat Amerika verändert. Und Bob Woodward und Carl Bernstein haben einen neuen Berufsstand geschaffen, den des investigativen Journalisten, der Korruption und Machtmissbrauch aufdeckt.

Mord und Folter im Luxushotel
Das Metropole als Wiener Gestapo-Zentrale

Es war einmal ein imposantes, im Herzen Wiens gelegenes Hotelgebäude. Den vergilbten Prospekten von damals ist zu entnehmen, dass es über mehr als dreihundert »elegant möblierte Zimmer mit modernstem Comfort« verfügte, weiters über »Damen- und Lese-Salons, Ballsäle und Restaurants mit Wiener und französischer Küche«. Das alles gab es hier, im Hotel Metropole, Ecke Kaiser-Franz-Josef-Kai/Morzinplatz. Von einem Tag zum anderen – wir schreiben den 12. März 1938 – wurde das Hotel seinen Besitzern geraubt und zur Gestapo-Zentrale umfunktioniert. Von nun an wurden dort, wo man eben noch zum »Abendkonzert in den Speisesaal« bat, unschuldige Menschen gefangen genommen, gefoltert, zu Tode geprügelt.

Das Hotel Metropole ist im März 1945 nach zwei Bombentreffern ausgebrannt, an seiner Stelle steht der Leopold-Figl-Hof, ein nicht sehr repräsentativer Zweckbau. Benannt nach jenem österreichischen Bundeskanzler, der selbst im Hotel Metropole von Gestapo-Leuten »verhört«, geschlagen und gedemütigt wurde.

»Elegant möblierte Zimmer mit modernstem Comfort«

185

Die Gestapo war das Kürzel für die »Geheime Staatspolizei« der Nationalsozialisten. Rund fünfzigtausend Menschen wurden zwischen 1938 und 1945 in den Räumlichkeiten des berüchtigten Hotel Metropole einvernommen, inhaftiert, in Konzentrationslager verschickt, ermordet. Manche sprangen während des qualvollen Verhörs aus Verzweiflung aus dem Fenster.

In Wien »das jüdische Sacher« genannt

Das Hotel Metropole stand an der Stelle des ehemaligen Treumanntheaters, das in der Nacht vom 8. auf den 9. Juni 1863 durch eine Feuersbrunst vollständig zerstört worden war. Im Stil der italienischen Renaissance errichtet, wurde das Metropole am 20. April 1873, rechtzeitig zur Eröffnung der Wiener Weltausstellung, fertiggestellt. Die Wiener nannten es das »jüdische Sacher«, sowohl wegen seiner Besitzer, den Familien Klein und Feix, als auch wegen der Mehrheit der Gäste, die aus aller Herren Ländern angereist kamen.

Vom Schriftsteller Mark Twain wissen wir, dass er von Wien und dem Metropole so begeistert war, dass er sich mit Frau und seinen beiden Töchtern 1897 für acht Monate in dem eleganten Hotel einmietete. Nur im September 1898 übersiedelte er kurzfristig ins Hotel Krantz am Neuen Markt, weil die Fenster seines dortigen Zimmers einen Blick zur Kapuzinergruft freigaben, wodurch er die Begräbnisfeierlichkeiten der in Genf ermordeten Kaiserin Elisabeth* beobachten konnte.

Nicht minder prominent waren dann nach 1938 einige der Häftlinge des früheren Metropole-Hotels. Leopold Figl

---

* Siehe auch Seite 202 ff.

und sein Amtsvorgänger Kurt Schuschnigg wurden im Gestapo-Hauptquartier ebenso »einvernommen« wie Bruno Kreisky, der sich in seinen Memoiren an die brutalen Misshandlungen am Morzinplatz erinnerte: »Halb bewusstlos und blutüberströmt kam ich zurück in die Zelle. Mit einem Überschwang, so nannte man die breiten Militärgürtel, hatte man mir zwei Zähne ausgeschlagen ... Sie haben mich noch ein bisschen geprügelt, dann musste ich unterschreiben, dass ich gut behandelt worden bin.« Rund 12 000 Menschen, denen man »vorwarf«, Juden, Sozialisten, Christlichsoziale, Kommunisten, Monarchisten, Zigeuner, Widerstandskämpfer oder homosexuell zu sein, sind in der zum Teil heute noch existierenden »Erkennungsdienstlichen Kartei« der Gestapo erfasst. Die – in verschiedene »Verbrecherklassen« eingeteilten – Bürger wurden

Das Metropole auf einer Fotografie aus besseren Tagen. In der Zeit des NS-Terrors wurden in dem ehemaligen Luxushotel Menschen gefoltert und ermordet.

187

durch den Lieferanteneingang des einstigen Hotels in den Keller »verschafft«, der als Gefängnis und Folterkammer diente. Es war derselbe Keller, in dem man bis 1938 die erlesenen Weine für die Gäste des Metropole gelagert hatte. Wie viele Menschen hier in der Nazizeit starben, weiß man nicht.

Den Karteien ist zu entnehmen, aus welch lächerlichen Gründen Menschen oft zu »Staats- und Volksfeinden« erklärt und im Gestapo-Hauptquartier am Morzinplatz gefoltert wurden. Etwa weil sie, wie Anton Birkmeyer, »Feindsender hörten«. Während der prominente Solotänzer der Wiener Staatsoper nach seiner Einvernahme durch die Gestapo mit eineinhalb Jahren Zuchthaus davonkam, wurde seine Frau wegen desselben »Delikts« im KZ Auschwitz ermordet.

Günther Schifter »verstößt gegen das Tanzverbot«

Es genügte, »antinazistische Witze« zu erzählen oder, wie der Jazz-Experte und spätere Radiomoderator Günther »Howdy« Schifter, »gegen das Tanzverbot verstoßen zu haben«. Auch er landete in Gestapo-Haft, nachdem er im Hotel Metropole ein »Geständnis« abgelegt hatte.

Hier, in der Gestapo-Leitstelle Wien, waren neunhundert Beamte tätig, die einen täglichen »Parteienverkehr«, wie sie das nannten, von vierhundertfünfzig bis fünfhundert Personen hatten, zu denen neben »Verbrechern« auch Zeugen und Spitzel gehörten.

Zuständig für die Organisation des Späher- und Denunziantentums war der aus Hollabrunn stammende Polizeibeamte Lambert Leutgeb. Er wurde nach dem Krieg inhaftiert, aber bald wieder freigelassen und arbeitete dann als Küchenchef in einem Salzburger Nobelrestaurant. Auch andere leitende Gestapo-Funktionäre, die heute zu den Hauptverbrechern der NS-Zeit gezählt werden, kamen mit milden Strafen oder Freisprüchen davon. Als 1968 anstelle des zerstörten Hotels Metropole der Leopold-Figl-Hof entstand, etablierte Nazijäger Simon Wiesenthal in dem Gebäude sein Büro, in dem er bis zu seinem Tod im Jahr 2005 arbeitete.

Auf einem kleinen Platz vor dem Leopold-Figl-Hof befindet sich ein Mahnmal mit der Inschrift: »Hier stand das Haus der Gestapo. Es war für die Bekenner Österreichs die Hölle. Es war für viele von ihnen der Vorhof des Todes ...«

Für viele der Vorhof des Todes

In fast jeder großen Stadt der Welt gibt es Hotels, die Metropole heißen. In Wien wurde nach dem Krieg darauf verzichtet, diesen Namen noch einmal zu verwenden.

Oskar Werners einsamer Tod
Hotel Europäischer Hof in Marburg

N e, also mir sagt der Name vorerst mal nichts«, erklärt
mir die leitende Angestellte im Hotel Marburger Hof.
Niemand hier weiß, wer Oskar Werner war. Und das,
obwohl der weltberühmte Schauspieler in diesem Haus,
das damals noch Europäischer Hof hieß, gestorben ist. »Es
ist jetzt eine andere Besitzergeneration, und es gibt keine
Unterlagen von früher«, versucht man zu erklären, warum
der große Mime hier unbekannt ist.

Oskar Werner (1922–1984), österreichischer Bühnen- und Filmstar

Oskar Werners letzte Station. Er kommt am 22. Oktober 1984 gegen Mittag in Marburg an der Lahn an, um
am nächsten Tag im Landestheater mit »Gedichten gegen
den Krieg« aufzutreten. Ulrich Erdmann, damals Dramaturg und Regieassistent der Hessischen Bühne, holte
den Weltstar vom Bahnhof ab und brachte ihn ins Hotel
Europäischer Hof. Kaum dort angekommen, musste
Oskar Werner die bittere Nachricht entgegennehmen,
dass von seiner Vorstellung nur zehn Karten verkauft
worden waren. Enttäuscht begab er sich zu Bett. Er wachte
nach Mitternacht wieder auf, erlitt in seinem Hotelzimmer einen Herzinfarkt. Ein Notarztwagen wurde geru-

fen, der Oskar Werner zum städtischen Krankenhaus bringen sollte. Doch er starb, 61 Jahre alt, auf dem Weg in die Klinik.

Der Marburger Hof in der Elisabethstraße unweit des Bahnhofs ist ein Vier-Sterne-Hotel in der rund hundert Kilometer nördlich von Frankfurt am Main gelegenen Universitätsstadt. Die gutbürgerliche Herberge, errichtet im charmanten Stil der 1960er-Jahre, hätte wohl kaum je in internationalen Medien Erwähnung gefunden, wäre hier nicht Oskar Werner gestorben.

Während sich heute im Marburger Hof niemand mehr an Oskar Werner erinnert, gab es im Jahr 2003 noch den Empfangschef, der schon da war, als der Schauspieler hier den letzten Tag seines Lebens verbrachte: Wolfgang Unger war erschüttert, als der Publikumsliebling an der Rezeption eincheckte. Er kannte ihn von der Leinwand, als Jules in *Jules und Jim*, als Feuerwehrmann Montag in *Fahrenheit 451*, als herzkranken Schiffsarzt in *Das Narrenschiff*. Oskar

Oskar Werners letzte Station: das Hotel Europäischer Hof in Marburg an der Lahn

Werner wirkte körperlich erschöpft, seine Gesichtszüge waren von großen Alkoholmengen gezeichnet, berichtete der Rezeptionist.

*Ein eher beschei-
denes Zimmer
von fünfzehn
Quadratmetern*

Oskar Josef Bschließmayer, wie der in Wien gebürtige Schauspieler eigentlich hieß, bezog das Zimmer 208 im ersten Stock. Keine Fürstensuite, eher bescheidene Atmosphäre auf fünfzehn Quadratmetern. Die Wände holzgetäfelt, zwei schmale Betten an der Längsseite, ein Tisch am Fenster, zwei Stühle, ein kleiner Fernsehapparat. Das Badezimmer in den damaligen Modefarben braun-orange gekachelt. Einige Jahre lang kamen noch Fans des Mimen, die Oskar Werners letzte Schlafstätte sehen und dort seiner gedenken wollten. Käme heute einer vorbei, das Personal wüsste gar nicht, um wen es hier ginge, geschweige denn, wo der »Unbekannte« gewohnt hätte.

Oskar-Werner-Memorabilien wird man hier vergeblich suchen, schon weil man darauf verzichtet hatte, von Oskar Werner einen Meldezettel zu verlangen. Und um einen Eintrag ins Gästebuch des Hotels wollte man erst bei der Abreise bitten. In Marburg erinnert keine Gedenktafel an den Schauspieler, der hier starb. Die Zimmer wurden längst modernisiert, dem heutigen Standard angepasst.

*Anweisung der
Hoteldirektion*

Dass wir Oskar Werners letzte Stunden überhaupt nachvollziehen können, verdanken wir Hadwiga Fertsch-Röver, die 2003 für das Buch *Hessen vergessen* den Beitrag *Sein oder Nichtsein – Oskar Werners Tod in Marburg* schrieb. Empfangschef Wolfgang Unger erzählte damals, dass er von der Hoteldirektion die strikte Anweisung erhalten hätte, Alkoholika außer Reichweite des berühmten Gastes zu halten. »Wahrscheinlich hat er sich aber in einer der nahen Imbiss-

stuben selbst einen kleinen Kasten Underberg besorgt«,
vermutete der Hotelmitarbeiter.

Oskar Werner war seit ewigen Zeiten alkoholabhängig,
hatte seine Karriere immer wieder durch Phasen seiner
Sucht zerstört. Zwischenzeitlich fand er wieder zurück,
stand auf der Bühne, drehte Filme, unternahm Tourneen,
um dann wieder in ein tiefes Loch zu fallen. Wolfgang
Unger war eine der letzten Personen, die Oskar Werner
lebend sahen.

Dramaturg Ulrich Erdmann erinnerte sich an zwei oder
drei Telefonate am Tag seiner Ankunft, bei einem ging es
um die Absage des Rezitationsabends im Landestheater,
die in »beiderseitigem Einvernehmen« erfolgte, wie auch

*Trat trotz schlech-
tem Kartenvorver-
kauf seine letzte
Reise an, die ihn
nach Marburg
führte: Oskar
Werner*

ein Brief von Friedrich Kaup, einem Freund und Kollegen Oskar Werners, der am Marburger Schauspiel engagiert war, bezeugt. Der damalige Intendant Franz Josef Dörner machte sich nach Oskar Werners plötzlichem Tod Vorwürfe, dass man ihn trotz des schlechten Vorverkaufs die weite Reise von Wien nach Marburg hatte antreten lassen.

»Wenn er nur den Mund aufmachte«

Der geplatzte Rezitationsabend findet in den Aufführungsbüchern des Landestheaters keine Erwähnung. »Es sollte kein dummes Gerede geben«, erklärte Dramaturg Ulrich Erdmann. Auch er hätte Oskar Werner gleich beim Empfang am Bahnhof angesehen, wie sehr er von seiner Alkoholkrankheit gezeichnet war. »Doch wenn er nur den Mund aufmachte«, schwärmte Erdmann, sei die Brillanz des Bühnengiganten immer noch präsent gewesen.

Oskar Werners einsamer Tod erfolgt in der Nacht vom 22. auf den 23. Oktober 1984 wohl als Folge jahrzehntelangen Alkoholmissbrauchs im Krankenwagen auf dem Weg ins Spital.

Tatort Sofitel, New York
Die Verhaftung des Dominique Strauss-Kahn

Hoteldirektionen zeigen sich im Allgemeinen hoch erfreut über Public Relations – noch dazu, wenn sie kostenlos sind. Doch das Sofitel in New York hätte liebend gerne auf seine größte »Werbeaktion« inklusive unzählbarer Schlagzeilen in aller Welt verzichtet. Das Sofitel gehört zu einem französischen Großkonzern mit 130 Hotels, darunter in Luxor und Kairo, Marrakesch, Paris, Lissabon, Berlin, München, Hamburg, Budapest, Straßburg, Wien – und eines eben im Herzen von Manhattan.

Der damalige Direktor des Internationalen Währungsfonds, Dominique Strauss-Kahn, wurde im Frühjahr 2011 verhaftet, nachdem ihn ein Zimmermädchen des New Yorker Vier-Sterne-Quartiers beschuldigt hatte, es in seiner Suite Nr. 2806 vergewaltigt zu haben.

Dominique Strauss-Kahn (*1949), französischer Politiker, Direktor des Internationalen Währungsfonds

Dominique Strauss-Kahn hatte mit seinen 62 Jahren eine große Karriere hinter und eine noch viel größere vor sich. Er war Universitätsprofessor für Ökonomie, Parlamentsabgeordneter, gehörte als erfolgreicher Wirtschafts-, Finanz- und Industrieminister mehreren französischen Regierungen an und galt als haushoher Favorit für die fran-

195

Mit dieser Art von Public Relations, hervorgerufen durch den Fall Strauss-Kahn, hatte die Hoteldirektion wohl keine Freude: das Sofitel in New York City

zösischen Präsidentschaftswahlen des Jahres 2012. Infolge seiner Wirtschaftskompetenz und der Sympathien, die er in weiten Teilen der Bevölkerung genoss, schien der Weg des sozialistischen Politikers in den Élysée-Palast nur noch eine Frage der Zeit. DSK, wie er genannt wurde, galt laut Umfragen als aussichtsreicher Nachfolger des damals bereits mäßig beliebten Staatspräsidenten Nicolas Sarkozy.

Doch dann kommt alles ganz anders. Dominique Strauss-Kahn nimmt am Nachmittag des 14. Mai 2011 am New Yorker John F. Kennedy Airport in der Ersten Klasse einer Boeing 777 der Air France Platz und wartet auf den Abflug nach Paris. Kurz vor dem Start wird das Flugzeug von Polizisten gestürmt. Sie nehmen den mächtigen Banker fest und führen ihn in Handschellen ab. Der Staatsanwalt beschuldigt Strauss-Kahn der versuchten Vergewaltigung, sexuellen Belästigung und Freiheitsberaubung des aus Guinea stammenden Zimmermädchens Neyla Molo*.

Das dreißig Stock hohe Sofitel in unmittelbarer Nähe des Rockefeller Centers verfügt über 392 Zimmer einschließlich 52 Appartements und einer Dreitausend-Dollar-Präsidentensuite. Genau die soll der Tatort gewesen sein.

Der prominente Häftling lässt sich widerstandslos vor aller Augen durch das Flughafengebäude in ein Polizeiauto führen. Als die für ihn demütigende Szene am selben Abend noch im Fernsehen gezeigt wird, erinnern sich viele Franzosen, dass Strauss-Kahn schon mehrfach in anrüchige Sexaffären verwickelt war, es jedoch nie zu einer Verurteilung gekommen ist.

Mehrfach in anrüchige Sexaffären verwickelt

Der Verdächtige wird auf die New Yorker Gefängnisinsel Rikers Island gebracht und tritt vier Tage nach seiner Festnahme schriftlich von seinem Amt als Direktor des Internationalen Währungsfonds (IWF) zurück. »Ich bin unendlich traurig«, heißt es in dem Schreiben, »ich denke zuallererst an meine Frau, die ich mehr als alles liebe, meine Kinder, meine Familie, meine Freunde«.

---

* Der Name wurde geändert.

Am 19. Mai 2011 entscheidet die zuständige Richterin, dass Strauss-Kahn gegen Hinterlegung einer Kaution in Höhe von sechs Millionen US-Dollar aus der Haft entlassen wird. Er steht jetzt mit elektronischer Fußfessel in einem feudalen Appartement in New York City unter Hausarrest und wird rund um die Uhr per Video überwacht. Mittlerweile ist seine Frau, die Starjournalistin Anne Sinclair, aus Paris eingelangt, und sie beteuert, von seiner Unschuld überzeugt zu sein.

Das mutmaßliche Vergewaltigungsopfer Neyla Molo arbeitet seit drei Jahren als Zimmermädchen im Sofitel Manhattan, 45 West 44th Street. Vor der Kriminalpolizei sagt die 32-jährige Frau aus, dass sie gegen 13 Uhr die Präsidentensuite betreten habe, wo der ihr unbekannte Gast sie unter Gewaltanwendung sexuell missbraucht hätte. Sie konnte aus der Suite flüchten und ihrer Vorgesetzten von dem Vorfall berichten. Als die Polizei eintraf, hatte Strauss-Kahn das Hotel bereits verlassen – offenbar überstürzt, da er einige persönliche Gegenstände, darunter sein Mobiltelefon, zurückließ.

Strauss-Kahn plädiert bei seiner Einvernahme am 6. Juni 2011 auf nicht schuldig. Er gesteht, mit dem Zimmermädchen eine »unangemessene Beziehung« gehabt zu haben, jedoch gewaltlos und mit dessen Zustimmung.

Während zu diesem Zeitpunkt die meisten Menschen von Strauss-Kahns Schuld überzeugt sind, wendet sich das Blatt, als Neyla Molo mithilfe ihres Anwalts eine Medienoffensive startet und sich in mehreren Interviews in widersprüchliche Angaben verstrickt. So sagt sie vor den Ermittlern aus, dass Strauss-Kahn, als er sie vergewaltigt haben

soll, nicht gesprochen hätte, Zeitungs- und Fernsehrepor-
tern gegenüber behauptet sie jedoch, dass er ihr »Du bist
schön« und »Niemand wird dich hören« zugeflüstert hätte.

Dominique Strauss-Kahns Hausarrest wird aufgrund dieser und anderer Unstimmigkeiten aufgehoben – allerdings
darf er die Vereinigten Staaten vorerst nicht verlassen.

*Verhaftung nach
Verlassen der Suite
2806 des Sofitel:
Dominique
Strauss-Kahn,
der Direktor des
Internationalen
Währungsfonds*

Am 22. August 2011 zieht die Staatsanwaltschaft die
Anschuldigungen gegen DSK mit der Begründung zurück:
»Aufgrund der Art und Anzahl der Unaufrichtigkeiten der
Klägerin können wir ihre Version der Ereignisse nicht zwei-
felsfrei anerkennen.« Gleichzeitig bringt das angebliche
Opfer eine Zivilklage gegen Strauss-Kahn ein. Ungeachtet
dessen darf dieser am 3. September 2011 die USA verlas-
sen. Er fliegt nach Paris.

Nach Einstellung der strafrechtlichen Ermittlungen
macht sich der amerikanische Investigativ-Journalist Edward Jay Epstein daran, die ungeklärten Fragen des Falls zu
lösen und stößt nach Überprüfung von Hotel-Türkarten,

Handys und Überwachungskameras auf Ungereimtheiten. Im November 2011 veröffentlicht er seine Recherchen in der *Financial Times*. Sein Fazit: Strauss-Kahn tappte in eine Sexfalle, mit der er als Kandidat für die französische Präsidentenwahl ausgeschaltet werden sollte. Tatsächlich hat Strauss-Kahn wenige Wochen vor dem New Yorker Skandal in einem Gespräch mit Journalisten des linksliberalen Pariser Blattes *Libération* erklärt: »Ja, ich liebe die Frauen. Na und?« Weiters sagte er, dass er mit dem Versuch seiner Gegner aus dem Umkreis von Präsident Sarkozy rechne, ihn diesbezüglich anzugreifen. Wobei sich Strauss-Kahn damals sogar eine fiktive Frau vorstellte, die ihm »eine Vergewaltigung vorwerfen« und der »man dafür eine Million Euro versprechen würde«.

Strauss-Kahn ist seit Langem schon als »Frauenheld« gefürchtet

Selbst wenn diese Annahme stimmen sollte, konnte die Falle nur zuschnappen, weil Strauss-Kahn seit Langem schon als »Frauenheld« gefürchtet war: Noch während seines Hausarrests in New York ermittelten die Pariser Polizeibehörden gegen ihn wegen versuchter Vergewaltigung einer bekannten französischen Autorin, die ihn für ein Buch interviewen wollte. Doch wird dieses wie auch andere Verfahren abgewiesen oder wegen Verjährung eingestellt. Freigesprochen wird Strauss-Kahn darüber hinaus vom Verdacht der bandenmäßigen Zuhälterei, obwohl er im Carlton in der französischen Stadt Lille und in anderen Hotels in ganz Europa bezahlte Sexpartys besucht haben soll. Der Banker gibt die Teilnahme an diesen Partys zu, bestreitet jedoch, gewusst zu haben, dass es sich bei den Frauen um Callgirls gehandelt hätte.

In New York hat Strauss-Kahn mittlerweile durch seine

Anwälte die Abweisung der Zivilklage durch das Zimmermädchen beantragt und dieses wegen Verleumdung angezeigt. Als Begründung wird angegeben, dass Strauss-Kahn zu dem Zeitpunkt, als die Frau die Klage einreichte, als IWF-Präsident »vollständige Immunität« genossen hätte. Am 10. Dezember 2012 einigen sich Strauss-Kahns Rechtsberater mit der Zivilklägerin, wobei über die Details, insbesondere über die Höhe einer möglichen Entschädigung, Stillschweigen vereinbart wird. Durch die Vereinbarung wird auch Strauss-Kahns Verleumdungsklage gegen das angebliche Opfer hinfällig.

Den Internationalen Währungsfonds hat die Affäre zum denkbar ungünstigsten Zeitpunkt erwischt, da er in der damals aktuellen europäischen Schuldenentwicklung eine zentrale Rolle spielen und als Krisenfeuerwehr funktionieren sollte. Die Verhaftung des mächtigsten Bankers der Welt löst im gesamten Euroraum, vor allem aber im hoch verschuldeten Griechenland große Sorgen aus. Nach Bekanntwerden von Strauss-Kahns Verhaftung sinkt der Eurokurs prompt auf ein Tief von 1,4046 Dollar. Nachfolgerin des IWF-Chefs wird die Französin Christine Lagarde, bei der Wahl zum französischen Staatspräsidenten geht am 6. Mai 2012 François Hollande als Sieger hervor.

Der Eurokurs sinkt nach Strauss-Kahns Verhaftung

Im März 2013 lässt sich Dominique Strauss-Kahns dritte Ehefrau Anne Sinclair scheiden. Das Magazin *Der Spiegel* schreibt, dass sämtliche Freisprüche des einst so geschätzten Politikers nichts an seinem moralischen Bankrott ändern würden. Im Februar 2016 wird Dominique Strauss Kahn in den Aufsichtsrat einer ukrainischen Bank aufgenommen.

Das Hotel, in dem Kaiserin Elisabeth starb
Und der Fall Uwe Barschel im Genfer Beau-Rivage

Die Millionäre Astor, Rockefeller und Vanderbilt

Das Beau-Rivage, an der Uferpromenade des Genfer Sees gelegen, ist ein prachtvoller alter Bau, in dessen Gästebuch sich die Weltprominenz der letzten hundert Jahre findet. Ein gutes Dutzend gekrönter Häupter, der Herzog von Windsor mit seiner Frau Wallis Simpson, Charles de Gaulle und Edward Kennedy, die Millionäre Astor, Rockefeller und Vanderbilt, etliche Maharadschas, russische Großfürsten und der Dalai Lama. Aber auch Richard Wagner, Robert Schumann, Benny Goodman, Jean Cocteau, Charlie Chaplin und Clark Gable sind hier abgestiegen. Zwei Namen waren es jedoch, die dem Hotel Eintragungen in die Geschichtsbücher brachten: Kaiserin Elisabeth von Österreich und der Ministerpräsident von Schleswig-Holstein, Uwe Barschel. Beide sollten ihre Zimmer im Beau-Rivage nicht lebend verlassen.

Trotz telefonischer Voranmeldung bei der Besitzerin des 200-Betten-Palais war es gar nicht so einfach, zu Madame Catherine Mayer vorzudringen. Eine Hausdame führte mich zunächst durchs Hotel, um mir die Salons und Appartements – vor allem natürlich »Sisis« Sterbezimmer – zu zei-

202

gen. Als ich aber der Hotelangestellten die Frage stellte, wo denn die Suite sei, in deren Badezimmer der Ministerpräsident Barschel gestorben ist, da war plötzlich der Teufel los. Die junge Frau ergriff hastig die Flucht und ward nie wieder gesehen. Nach einer längeren Wartefrist tauchte eine Verwandte der Chefin auf, bot mir im Marmorsalon *L'Impératrice* einen Platz an und wollte von mir wissen, ob ich tatsächlich wegen der Kaiserin Elisabeth gekommen wäre. Denn in Sachen Uwe Barschel könnte man mir, »bitte wirklich um Verständnis«, keine Auskunft erteilen.

Erst nach einer Garantieerklärung meinerseits, dass die Kaiserin Elisabeth im Fokus meiner Betrachtungen stünde, erschien Madame Catherine Mayer, die Chefin, persönlich. Unterm Arm ein riesiges Paket Unterlagen und Fotos zu Sisis Tod im Doppelappartement 119/120 des Beau-Rivage.

Die Hotelchronik berichtet, dass Kaiserin Elisabeth am 9. September 1898 in Genf ankommt, wo sie sich unter dem Pseudonym »Gräfin von Hohenembs« einquartiert. Eine Schweizer Zeitung lüftet tragischerweise das Inkognito und berichtet, dass Ihre Majestät, die Kaiserin von Österreich, im Beau-Rivage (auf Deutsch: Schönes Ufer) abgestiegen sei. Als der 25-jährige italienische Anarchist Luigi Lucheni diese Zeilen liest, sieht er seine große Stunde gekommen. Seit Monaten schon wollte er »irgendein Attentat« verüben, doch konnte er diesen Plan mangels einer geeigneten, in Genf weilenden prominenten Persönlichkeit nicht verwirklichen.

Tags darauf, als Elisabeth um 13.38 Uhr mit ihrer Hofdame Irma Gräfin Sztáray, nur ein paar Schritte vom

Elisabeth (1837–1898), geborene Prinzessin in Bayern, Ehefrau des österreichischen Kaisers Franz Joseph

Sie stieg unter falschem Namen im Hotel Beau-Rivage ab, doch eine Zeitung gab tragischerweise ihre wahre Identität preis: So erfuhr der Attentäter von Kaiserin Elisabeths Anwesenheit in Genf.

Lucheni sticht mit einer spitzen Feile zu

Beau-Rivage entfernt, am Kai das Linienschiff nach Montreux besteigen will, kommt ihr Lucheni entgegen und sticht mit einer spitzen Feile zu. »Die Kaiserin sank zur Erde«, wird die Gräfin Sztáray als Zeugin des Mordanschlags der Genfer Polizei zu Protokoll geben, »da erst kam mir der Gedanke, dass das Scheusal Ihre Majestät geschlagen haben musste«.

Trotz ihrer schweren Verletzung kann die Kaiserin noch bis zum Schiff gehen, auf dem sie dann ein zweites Mal zusammenbricht.

»Was ist denn mit mir geschehen?« sind Elisabeths letzte Worte, ehe man sie in bewusstlosem Zustand zum Beau-Rivage zurückbringt.

Das Hotel wurde damals von Charles-Albert und Fanni Mayer, den Großeltern der heutigen Besitzerin, geführt. »Ich kann mich noch gut an die Erzählungen meiner Großmutter erinnern«, hob Catherine Mayer an (die trotz ihres Namens kein Wort Deutsch spricht). »Meine Großmutter stand dort drüben in der Halle«, zeigte sie in das mit prächtigem Marmor geschmückte Atrium im Erdgeschoss, »als die schwer verletzte Kaiserin auf einer improvisierten Bahre aus Segelleinen und zwei Schiffsrudern im Haus ankam, worauf sofort der Hotelarzt Dr. Golay gerufen wurde.«

Großmama Fanni Mayer hinterließ einige dicht beschriebene Bogen Papier, auf denen sie die historischen Ereignisse des 10. September 1898 in französischer Sprache schilderte. Ihre Enkelin Catherine überließ mir das bisher unveröffentlicht gebliebene Dokument: »Sechs Damen und sechs Herren trugen die schwer verletzte Kaiserin in das Hotel, während unser Geschäftsführer Elisabeths Hand hielt. Ich verfolgte diesen so traurigen und entsetzten Zug bis hinauf in den ersten Stock zum Appartement, das die Kaiserin bewohnte. Dr. Golay sagte, er könne nicht mehr helfen, der Blutverlust sei zu hoch, was an einem immer größer werdenden Fleck am Herzen zu beobachten war. Ihren letzten Seufzer gab Elisabeth ungefähr zwanzig Minuten nach ihrer Ankunft im Hotel. Comtesse Sztáray schloss in Anwesenheit eines Priesters ihre Augen und faltete ihr beide Hände zusammen.«

Der Arzt kann nicht mehr helfen

Einige Zeit weilt die Kaiserin unter demselben Dach wie ihr Mörder, ist den Aufzeichnungen der Hotelchefin Fanni Mayer zu entnehmen: »Passanten verfolgten den Attentäter und hielten ihn fest, bis ihn ein Gendarm verhaften und in unser Hotel bringen konnte. Hier versetzte mein schockierter Gatte dem Mörder einen heftigen Schlag ins Gesicht, und der Gendarm musste einen jungen österreichischen Baron daran hindern, sich auf Lucheni zu stürzen. Nach einer kurzen Einvernahme im Hotel wurde der Gefangene zum Polizeirevier befördert.«

Der Sarg mit der toten Kaiserin wird aus dem Hotel Beau-Rivage zum Leichenwagen gebracht.

Zu diesem Zeitpunkt war Kaiserin Elisabeth bereits verstorben. Mit einem Porträt der jungen »Sisi« in deren Sterbezimmer 119/120 wird im Beau-Rivage bis heute des Dramas gedacht. Ganz im Gegensatz zu jener anderen

Affäre, über die im Hotel Beau-Rivage tiefes Stillschweigen herrscht.

Ich kann es der Familie Mayer dennoch nicht ganz ersparen, hier auch auf den Tod des Politikers Uwe Barschel einzugehen. Es war knapp neunzig Jahre nach der Ermordung der Kaiserin Elisabeth, als sich, zwei Etagen höher, eine weitere Tragödie ereignete. Der wegen einer nie restlos geklärten Politaffäre als Ministerpräsident von Schleswig-Holstein zurückgetretene Uwe Barschel starb in der Nacht vom 10. zum 11. Oktober 1987 in der mit Wasser gefüllten Badewanne des Zimmers 317. »Das Appartement wird seither nur an nicht-europäische Gäste vermietet, die vermutlich nie vom Fall Barschel gehört haben«, erzählte mir ein Stubenmädchen hinter vorgehaltener Hand.

Den »Fall Barschel« gibt es seit 12. September 1987, als durch das Magazin *Der Spiegel* bekannt wird, dass der Politiker mithilfe seines Presseagenten Reiner Pfeiffer eine Verleumdungskampagne gegen seinen SPD-Herausforderer Björn Engholm initiiert haben soll. Barschels CDU verlor einen Tag später, bei der Landtagswahl in Schleswig-Holstein, ihre bisherige absolute Mehrheit und wurde nur noch zweitstärkste Kraft hinter den Sozialdemokraten.

Uwe Barschel erklärte nach der Wahl, dass die gegen ihn gerichteten Vorwürfe haltlos seien, trat jedoch als Ministerpräsident zurück. Am 11. Oktober 1987 wird er vom *Stern*-Reporter Sebastian Knauer – der ihn interviewen wollte – und dem ihn begleitenden Fotografen Hanns-Jörg Anders tot in der Badewanne seines Zimmers im Beau-Rivage aufgefunden. Das Bild der Leiche des Politikers in der Badewanne geht um die Welt.

Uwe Barschel (1944–1987), deutscher Politiker, Ministerpräsident von Schleswig-Holstein

Barschel lag tot in der Badewanne

207

Den offiziellen Ermittlungen durch deutsche und Schweizer Behörden zufolge kam Barschel durch Suizid zu Tode, allerdings schlossen die Genfer Behörden Fremdverschulden nicht aus. Kaum ein Tod eines deutschen Politikers rief derart viele Spekulationen hervor wie der von Uwe Barschel.

Wollte Barschel einen Informanten treffen?

Seine Witwe erklärte, dass ihr Mann in Genf einen Informanten treffen wollte, der ihm Entlastungsmaterial zugesagt hätte, aus dem hervorgeht, dass er nicht der Hauptschuldige in der Spitzelaffäre gegen Björn Engholm wäre. In Barschels Leichnam wurden bei der Autopsie Reste von acht verschiedenen Medikamenten gefunden, darunter Schlaf- und Beruhigungsmittel. Die Genfer Staatsanwaltschaft zog den Schluss, dass der ehemalige Ministerpräsident diese Mittel selbst eingenommen und sich dann bekleidet in die gefüllte Badewanne seines Zimmers im Beau-Rivage gelegt hätte. In dieser sei er eingeschlafen und infolge der starken Überdosis der Medikamente gestorben.

Laut Staatsanwalt sei Suizid die wahrscheinlichste Erklärung

Mehrere Toxikologen zweifelten diese Deutung jedoch an, sie vermuteten, dass Barschel vielmehr einem Mordkomplott zum Opfer gefallen sei. Als Auftraggeber wurden Geheimdienste genannt, die den Politiker »beseitigt« haben sollen, weil er von Waffengeschäften der betroffenen Länder gewusst und damit gedroht hätte, die Hintermänner dieser Deals preisgeben zu wollen. Andere Experten widersprachen dieser These und erklärten, dass Barschel vor seinem Selbstmord gezielt falsche Spuren gelegt hätte, um so als schuldloses Opfer in die Geschichte einzugehen. Schleswig-Holsteins Generalstaatsanwalt Erhard Rex bezeichnete

Er starb unter nie restlos geklärten Umständen im Genfer Hotel Beau-Rivage: Uwe Barschel, der ehemalige Ministerpräsident von Schleswig-Holstein

in seinem Bericht im Oktober 2007 sämtliche Mordtheorien für haltlos und einen Suizid als wahrscheinlichste Erklärung des Todes von Uwe Barschel.

Schlussendlich musste im Frühjahr 1993 auch SPD-Ministerpräsident Björn Engholm zurücktreten, weil er überführt wurde, als Zeuge im »Fall Barschel« die Unwahrheit gesagt zu haben.

Während das »Sisi-Appartement« als Attraktion des Beau-Rivage gilt und zum Preis von siebenhundert Franken pro Nacht für jedermann, der sich's leisten kann, beziehbar ist, wurde Barschels Zimmer 317 mit 318 zu einer Suite zusammengelegt. Die Badewanne, in der er starb, wurde entfernt und eine Zeit lang in einem Lager des Hotels aufbewahrt, dann jedoch im Zuge von Aufräumarbeiten angeblich versehentlich entsorgt.

Durch den Tod des Politikers Uwe Barschel und davor schon der Kaiserin Elisabeth erlangte das Hotel große Berühmtheit. Doch auch der Herzog von Braunschweig ist – schon vor weit mehr als hundert Jahren – im Beau-Rivage verschieden. »Eines natürlichen Todes«, wie sich die Hotelchefin anzufügen beeilte. Dann schmunzelte sie noch: »Wir sind aber sicher, dass in unserem Haus mehr Menschen gezeugt wurden als verstorben sind.«

Die Hotelchronik gibt darüber keine Auskunft. Doch wurden die Lebenden wohl nicht so berühmt wie die hier Verstorbenen.

»Der Herzog starb eines natürlichen Todes«

Manche mögen's ... ohne Strandkorb
Das Hotel del Coronado in San Diego

Meine erste Frage galt, als ich durch den blütenweißen Sandstrand des Hotels del Coronado flanierte, einem Mitarbeiter der Luxusabsteige. »Wo sind die Strandkörbe?«, wollte ich wissen. Immerhin haben sie dieses Hotel weltberühmt gemacht, bilden sie doch die Kulisse für eine der Schlüsselszenen des Kultfilms *Some like it hot (Manche mögen's heiß)*. Unvergesslich, wie sich die Ukulelespielerin Marilyn »Sugar Kane« Monroe in einem solchen Strandkorb in den vermeintlichen Millionär »Joe Shell Junior«, dargestellt von Tony Curtis, verliebt.

»Also«, insistierte ich, »wo sind die Strandkörbe, ich sehe keinen einzigen!«

»Das Coronado existiert seit dem Jahr 1888«, zeigte sich der für die fast täglich stattfindenden *Historic Walking Tours* zuständige Hotelangestellte wohl informiert, »aber Strandkörbe hat es hier nie gegeben. Die wurden nur für die Dreharbeiten des Films *Some Like It Hot* aufgestellt.«

Gegründet im Jahre 1888

Das desillusionierte mich ein wenig, andererseits hatte ich ohnehin nicht vor, ein Sonnenbad zu nehmen. Vielmehr wollte ich das Hotel aus nächster Nähe kennenler-

Den Strandkorb gibt es gar nicht: Manche mögen's heiß mit Jack Lemmon, Tony Curtis, Marilyn Monroe (von links)

nen, in dem der vom *American Film Institute* auf Platz 1 der besten amerikanischen Filmkomödien aller Zeiten gereihte Film handelt.

Jetzt einmal abgesehen von den fehlenden Strandkörben. Ich habe den Film so oft gesehen, dass ich mich in dem im kalifornischen San Diego gelegenen alten Hotelkasten gleich wie zu Hause fühlte, so sehr hat sich die Handlung des 1958 gedrehten Klassikers *Manche mögen's heiß* in meine Erinnerung eingebrannt. Unvergesslich nicht nur, wie die Monroe am Strand *I wanna be loved by you* trällert.

Nach dem kleinen Rundgang war mir freilich klar, dass ich so gut wie gar nichts kannte von dem weltberühmten

Hotel, das für Filmfreaks nur das eine Zimmer hat, in dem die Monroe – aber auch Tony Curtis und Jack Lemmon in Frauenkleidern – unsterbliches Kino spielen. »Insgesamt gibt es 757 Zimmer und Suiten, in denen gleichzeitig bis zu 2400 Menschen Platz haben«, erklärt man mir seitens des Personals. Damit gibt es heute mehr als doppelt so viele Zimmer wie vor *Manche mögen's heiß.*

Der Film brachte und bringt derartige Touristenmassen nach San Diego – der südlichsten Stadt Kaliforniens –, dass das weiße, lang gezogene und im viktorianischen Stil erbaute Märchenschloss mit den charakteristischen roten Türmen immer wieder durch Zubauten vergrößert werden musste. Außerdem ziehen (gegen Gebühr von fünfzehn Dollar) regelmäßig Karawanen von Fremden in 75-Minuten-Touren durchs Coronado, um all das genau besichtigen zu können, was man aus dem Film zu kennen glaubt.

San Diego, die südlichste Stadt Kaliforniens

Some Like It Hot, erklärt mir der Fremdenführer, »war sehr wichtig für uns, der Film hat das damals in den USA schon bekannte Hotel weltberühmt gemacht«. Nebenbei bemerkt, ist das Coronado in der traumhaft schönen Palmenbucht eine der größten und bedeutendsten Holzkonstruktionen der Welt.

Das Coronado verfügt über eine so bewegende Geschichte, dass es ein eigenes Hotelmuseum beherbergt, in dessen Mittelpunkt Fotos und Erinnerungsstücke zu den Dreharbeiten von *Some Like it Hot* mit seinen Stars stehen. Aber auch die sonstige Gästeliste hat es in sich. Hier feierte Charles Lindbergh mit tausend Gästen im prunkvollen Crown Room einen seiner ersten Auftritte nach der Überquerung des Atlantiks im Jahr 1927, weiters gesichtet

Lindbergh feiert hier die Überquerung des Atlantiks

Hat heute doppelt so viele Zimmer wie vor dem Film Manche mögen's heiß: *Touristen-attraktion Hotel del Coronado in San Diego, Kalifornien*

wurden die Schriftsteller Upton Sinclair, F. Scott Fitzgerald, Tennessee Williams, Truman Capote und Arthur Miller, der seine Frau Marilyn Monroe zu den Dreharbeiten von *Manche mögen's heiß* begleitete. Und als der Pianist Liberace 1950 zum ersten Mal im Ballroom des Coronado auftrat, wurde er von einem Produzenten gesehen und fürs Fernsehen entdeckt. Im Coronado urlaubten auch Greta Garbo, Lucille Ball, Kirk Douglas, Cary Grant und Clark Gable, der 1955 die Ex-Schwiegertochter des Hotelbesitzers heiratete.

Und dann berichtete man mir noch von einem interessanten Gerücht, das – so es stimmen sollte – Geschichte geschrieben hat: Der Herzog von Windsor und spätere König Edward VIII. verbrachte seine Sommerferien 1934 im Coronado und verliebte sich in die Hausdame des Hotels. Sie hieß Wallis Simpson, wurde seine Frau und war der Grund, dass er auf Englands Thron verzichtete.

214

Das Coronado war das erste Ferienhotel Amerikas mit elektrischem Licht, und dessen Installation wurde von keinem Geringeren als von Thomas Alva Edison überwacht.

In *Manche mögen's heiß* wird der Name des Coronado nie genannt – offiziell handelt die zweite Halbzeit des Films nicht in Kalifornien, sondern in Florida: Jack Lemmon und Tony Curtis wurden in Chicago Zeugen eines Mafiamordes und werden deshalb von der Unterwelt gejagt. Sie tauchen in Frauenkleidern unter und gelangen als Musiker in eine Girlband, in der die Monroe singt und das seltene Zupfinstrument Ukulele spielt. Während sich Tony Curtis »als Frau« in Marilyn verliebt, fängt ein Millionär bei dem als Musikerin »Daphne« verkleideten Jack Lemmon Feuer.

Miami wird in Kalifornien gedreht

Die Girlband gelangt nach Miami, gedreht wurde jedoch im Hotel del Coronado in Kalifornien, weil Billy Wilder in Florida kein Hotel fand, das in den Kolonialstil der 1920er-Jahre gepasst hätte.

Manche mögen's heiß war der Film, in dem Billy Wilder und die Monroe ihren historischen »Krieg« austrugen. »Diese Frau brachte mich zur Verzweiflung«, erklärte der Regisseur nach den Dreharbeiten. »Sie kam zu spät oder gar nicht zum Set und konnte ihren Text nicht. Ich hatte ihretwegen monatelang furchtbare Schlafprobleme.« Eine Szene im Coronado blieb Wilder in besonderer Erinnerung: »Es ging um einen einzigen Satz, Marilyn sollte nur sagen: ›Wo ist der Bourbon?‹ Aber sie schaffte es nicht, wir drehten die Szene 65 Mal. Jack Lemmon und Tony Curtis mussten für diesen Satz, als Frauen verkleidet, eineinhalb Tage in hochhackigen Schuhen neben ihr stehen. Und

Die Monroe bringt Billy Wilder zur Verzweiflung

215

nach jedem verpatzten Take fing sie zu weinen an und alles begann von vorn.«

Obwohl der Film als beste Hollywoodkomödie aller Zeiten gilt, erhielt er keinen *Oscar*. Dazu Billy Wilder in seinem unnachahmlich trockenen Humor: »Ich sah mir die *Oscar*-Verleihung 1959 im Fernsehen an. *Some Like It Hot* war nominiert, hatte aber keine Chance gegen *Ben Hur*, der zehn Oscars bekam, inklusive den für Charlton Heston als bester Hauptdarsteller. Und das, obwohl auch Jack Lemmon nominiert war. Vielleicht hätte Jack gewonnen, wenn er als beste Hauptdarstellerin nominiert worden wäre!«

Tragisches Nachspiel für die Monroe

Für die Monroe hatte *Some Like It Hot* ein tragisches Nachspiel. Sie war während der Dreharbeiten im Hotel del Coronado schwanger geworden und verlor ihr Baby, wofür Arthur Miller indirekt den Regisseur verantwortlich machte, da Wilder mit ihr zu streng umgegangen sei.

Kurz vor ihrem Tod haben die Monroe und Billy Wilder ihren »Krieg« beendet und Versöhnung gefeiert. »Ich habe niemanden getroffen, der so eklig sein konnte wie sie«, schreibt Wilder in seinen Memoiren, »aber auch niemanden, der so wunderbar im Film war, inklusive der Garbo.«

So berühmt zu sein wie dieses Hotel, hat seinen Preis. Eine Nacht im Coronado kostet zwischen 300 und 7000 Dollar pro Person.

Und das ohne Strandkorb.

Der Spionagefall Oberst Redl ...
... endet im Wiener Hotel Klomser

Es war der folgenschwerste Spionagefall, der Österreich-Ungarn und das Deutsche Kaiserreich erschütterte. Einer der angesehensten Offiziere der k. u. k. Armee hatte just in den Jahren vor Ausbruch des Ersten Weltkrieges alle politischen und militärischen Geheimnisse an die Feindstaaten von morgen verraten und von diesen ein Vermögen erhalten. Die Affäre des durch seine homosexuelle Neigung erpressbaren Militärs fand im Hotel Klomser in der Wiener Innenstadt ihr dramatisches Ende.

Oberst Alfred Redl, der als langjähriger Chef des Nachrichtendienstes in der Wiener Spionagezentrale Zugang zu den wichtigsten Geheiminformationen der Monarchie hatte, war in seinem letzten Lebensjahr zum Chef des k. u. k. Generalstabs in Prag aufgestiegen. Am 24. Mai 1913 ließ er sich von seinem Privatchauffeur Emmerich Baumgartner von Prag nach Wien führen, wo für ihn im gutbürgerlichen Hotel Klomser ein Zimmer reserviert war.

Zu diesem Zeitpunkt lagerte seit mehreren Wochen im Hauptpostamt am Wiener Fleischmarkt ein Poste-Restante-Brief, der bislang noch nicht abgeholt wurde. Das Kuvert

Alfred Redl (1864–1913), langjähriger Chef der k. u. k. Spionageabwehr und Spion

war an »Herrn Nikon Nizetas, Österreich, Wien, Hauptpost, postlagernd« adressiert. Dem Aufgabestempel konnte man entnehmen, dass das Schreiben in der damals deutschen Stadt Eydtkunen, nahe der russischen Grenze, abgesendet worden war.

Der vorerst unverdächtig wirkende Brief wurde nach der gesetzlichen Maximallagerzeit an das Aufgabepostamt Eydtkunen als »unzustellbar« retourniert und von dort zur Eruierung des Absenders an die deutsche Postdirektion in Berlin weitergeleitet. Als man das anonym aufgegebene Kuvert dort öffnete, fand man darin sechstausend österreichische Kronen*.

Kein Zweifel, hier geht es um Spionage

Nun schien der Brief äußerst verdächtig, da Beträge dieser Größenordnung im Normalfall auf anderem Wege zugestellt werden. Also leitete die deutsche Post das Kuvert samt Inhalt an Major Walter Nikolai, den Chef des Berliner Kundschaftsbüros, weiter. Nikolai, ein erfahrener Abwehroffizier, erkannte sofort, dass hier Spionage im Spiel war. Nicht nur wegen der hohen Geldsumme, sondern auch infolge des Aufgabeortes Eydtkunen an der deutsch-russischen Grenze, der auf eine russische Herkunft des Absenders schließen ließ, denn dieser musste nur wenige Kilometer über die Grenze fahren, um den Brief unauffällig von Deutschland nach Österreich schicken zu können.

In Wien saß also ein Spion mit dem vermutlich fingierten Namen »Nikon Nizetas«. An ihn konnte man freilich

---

* Entspricht laut »Statistik Austria« im Jahr 2016 einem Betrag von rund 30 000 Euro.

nur dann herankommen, wenn er das Kuvert samt Inhalt doch noch beheben würde. Major Nikolai setzte sich mit Max Ronge, seinem Kollegen vom befreundeten Wiener Evidenzbüro, der Spionagezentrale des österreichisch-ungarischen Generalstabs, ins Einvernehmen und schickte ihm das Corpus delicti.

Auch Major Ronge schloss sich sofort der Meinung an, dass es hier um Spionage ginge. Er verständigte die österreichische Staatspolizei, um gemeinsame Maßnahmen einzuleiten. Das geöffnete Kuvert wurde nach allen Regeln der Kunst wieder verschlossen und neuerlich am Poste-Restante-Schalter der Wiener Hauptpost deponiert. Gleichzeitig wurden in einem dem Postamt gegenüberliegenden Gebäude drei Kriminalpolizisten platziert, zu denen eine elektrische Leitung gelegt wurde. Sobald Herr Nikon Nizetas am Schalter nach seinem Brief verlangte, musste der diensthabende Postbeamte auf einen versteckten Knopf drücken, worauf auf der anderen Straßenseite eine Glocke ertönen würde.

Eine Glocke läutet, sobald Nikon Nizetas erscheint

Post und Polizei warteten nun sechs Wochen lang auf das Erscheinen von Nikon Nizetas. Die damals 19-jährige Postbedienstete Betty Österreicher schilderte genau vierzig Jahre später in einem Zeitungsartikel* den Nachmittag des 24. Mai 1913: »Knapp vor fünf Uhr stand ein Herr in Zivil, grauer Anzug, dunkler Hut, vor meinem Schalter und legte mir einen Zettel hin, auf dem der Name ›Nikon Nizetas‹ stand. Vorsichtig suchte ich den Klingelknopf unter meinem Schalterbrett und drückte ihn nieder. Die Kriminal-

Ein Herr in Zivil, grauer Anzug, dunkler Hut

---

* »Neue Illustrierte Wochenschau« vom 24. Mai 1953

beamten ›drüben‹ waren alarmiert ... Zögernd stand ich auf, den Brief vom Regal zu holen. Und da fiel mir ein Stein vom Herzen, denn durch den Schalter blickend, sah ich einen der Kriminalbeamten auftauchen. Der Unbekannte bestätigte durch seine Unterschrift den Erhalt des Schreibens und verschwand, an dem Kriminalbeamten vorbei, ins Freie.«

Der Unbekannte, »grauer Anzug, dunkler Hut«, war Oberst Alfred Redl, der am selben Tag aus Prag angereist war, um im Hotel Klomser den Ulanenleutnant Stefan Horinka zu treffen. Aus der später aufgefundenen, dramatischen Korrespondenz* zwischen dem 49-jährigen Redl und dem um 26 Jahre jüngeren Horinka geht hervor, dass die beiden eine seit fünf Jahren bestehende sexuelle Beziehung hatten, die der Jüngere nun beenden wollte. Doch Redl versuchte ihn zu halten, da es »sonst mit Deiner Offizierskarriere aus und vorbei« wäre. Noch glaubte der Oberst, den Geliebten teils durch derartige Drohungen, teils durch Geschenke und Geldüberweisungen an sich binden zu können.

Stefan Horinka will die Beziehung beenden

Die Ereignisse waren wenige Tage davor eskaliert, als Redl in einem Brief erfahren musste, dass Leutnant Horinka vorhatte, seine Freundin Marie Dobias zu heiraten.

Die Begegnung fand in jenem Hotel Klomser statt, in dem der Oberst immer abstieg, wenn er Horinka in Wien traf, aber auch wenn er beruflich in der Residenzstadt zu tun hatte. Das in der Herrengasse 19/Ecke Bankgasse gele-

---

* Kriegsarchiv Wien im Österreichischen Staatsarchiv

gene Hotel Klomser war in einem altehrwürdigen Haus untergebracht. Vermutlich vom berühmten Barockbaumeister Johann Fischer von Erlach entworfen, wurde das herrschaftliche Palais jahrelang von der Witwe des Feldmarschalls Batthyány, der »schönen Lori«, wie man sie in Wien nannte, bewohnt. Sie soll die einzige Frau gewesen sein, für die sich der Prinz Eugen von Savoyen – ansonsten als »Madame Cansiene« verspottet – interessierte. Das durch Zusammenlegung mit dem Palais Orsini-Rosenberg und anderen angrenzenden Gebäuden entstandene große Eckhaus wurde 1870 zum Hotel Klomser umgebaut.

Als Redl an jenem 24. Mai 1913 in Wien ankam, hatte sein Offiziersbursche Josef Sladek bereits das Zimmer Nr. 1 für seinen Herrn zurechtgemacht, in dem dieser um vier Uhr nachmittags Stefan Horinka zur Aussprache treffen sollte. Wie der 23-jährige Leutnant später vor Gericht aussagte, fand in dem kleinen Appartement eine heftige Auseinandersetzung statt, in deren Verlauf er Redl »definitiv erklärte, sich von ihm loszusagen und den Verkehr mit ihm unter allen Umständen abzubrechen«.

Redl war verzweifelt und versuchte den jungen Ulanenoffizier mit allen

Er ließ sich nach Wien chauffieren, um im Hotel Klomser in der Herrengasse seinen Geliebten Stefan Horinka zu treffen: der Spion Oberst Alfred Redl

221

möglichen Argumenten an sich zu binden. Da er wusste, dass Stefan sich an das von ihm finanzierte Luxusleben gewöhnt hatte, brachte er vor allem die Finanzierung eines neuen Autos ins Spiel – an dem Horinka viel gelegen sein musste, wie den Briefen der vorangegangenen Wochen und Monate zu entnehmen war. Um den Wagen, einen Austro Daimler Tourenwagen, kaufen zu können, wollte Redl zur Hauptpost fahren, wo seit Längerem schon ein größerer Geldbetrag von seinen russischen Auftraggebern hinterlegt war.

Mit dem Taxi zur Hauptpost

Kaum ist Redls lautstarke Aussprache mit Horinka beendet, lässt er sich von einem Taxi zu der nur wenige Autominuten vom Hotel Klomser entfernten Hauptpost am Fleischmarkt 19 bringen. Der sonst so gewiefte Spion übernimmt von der Postbediensteten Betty Österreicher das am Schalter lagernde Kuvert und bemerkt, in Gedanken versunken, nicht einmal den Kriminalbeamten, der ihm an der Ausgangstür begegnet.

In einem Interview*, das die Detektive Michael Macha und Ferdinand Watzek zwölf Jahre nach dem Zusammenbruch der Monarchie gaben, erzählten sie von der nun einsetzenden Verfolgungsjagd: »Am 42. Tage unserer Beobachtung endlich ertönte das vereinbarte elektrische Glockensignal. Nun kam der schwierigste Teil unserer Aufgabe, die unauffällige Beobachtung des Briefbehebers.« Gleich nachdem die Polizeiagenten den »mit einem grauen Jackettanzug gekleideten Herrn« im Postbüro erspähen, verlässt dieser das Amtsgebäude. Da sie ihn nur von hinten

---

* »Neues Wiener Tagblatt« vom 20. Juli 1930

sehen, erkennen sie vorerst nicht, dass es sich um den – Macha persönlich bekannten – Oberst Redl handelt. »Er ging zum Schwedenplatz, bestieg dort ein Taxi, dessen Nummer von uns notiert wurde.« Die Polizisten folgen dem Verdächtigen in einem weiteren Taxi, verlieren ihn aber zwischenzeitlich aus den Augen. »Man kann sich unsere Verzweiflung vorstellen, da wir endlich, nach wochenlangem Warten ›Nikon Nizetas‹ gesehen hatten, der uns aber doch wieder entkommen war.« Doch die Kriminalbeamten haben Glück und begegnen dem Taxi wenige Minuten später durch Zufall wieder. Der Fahrgast ist zwar mittlerweile ausgestiegen, doch der Fahrer kann den Polizisten mitteilen, dass er zum Hotel Klomser wollte, dann aber bereits vor dem Café Kaiserhaus ausgestiegen sei.

Die Kriminalbeamten folgen dem Verdächtigen

Macha und Watzek lassen sich von dem Taxi zu dem Kaffeehaus führen und finden unterwegs »am Boden des Autos ein ledernes Futteral, das der Verfolgte ganz offensichtlich verloren hatte, als er im Wagen sitzend, mit seinem Taschenmesser den eben behobenen Brief öffnete«. Da die Beamten den Verdächtigen im Kaffeehaus nicht antreffen, gehen sie zu Fuß zum Klomser weiter. Sie betreten das Hotel und übergeben dem Portier das im Auto gefundene Taschenmesserfutteral mit dem Ersuchen, »es auf den Tisch der Portierloge so hinzulegen, dass jeder Kommende es bemerken musste«.

Ein ledernes Taschenmesserfutteral

Minuten später betritt Oberst Redl das Hotel Klomser. Der Portier fragt ihn, ob das vorliegende Taschenmesserfutteral ihm gehöre, Redl sagt ja, steckt es ein und geht auf sein Zimmer.

Einerseits sind die Polizisten glücklich, den Verdächtigen endlich identifiziert zu haben. Andererseits können sie nicht glauben, wen sie da vor sich haben. Sie können nicht glauben, dass Oberst Redl der gesuchte Hochverräter sein soll, dem sie seit sechs Wochen auflauern. Detektiv Macha hat den militärischen Sachverständigen in früheren Jahren des Öfteren vor Gericht getroffen, wenn er als Kriminalbeamter in den Zeugenstand gerufen wurde.

Die Beweise sind erdrückend

Oberst Redl! Der langjährige Chef der Spionageabwehr selbst ein Spion?

Nein, dieser Mann kann kein Verräter sein!

Und doch – die Beweise sind erdrückend. Von der Portierloge des Hotels Klomser aus ruft Macha den Leiter der österreichischen Staatspolizei, Edmund Ritter von Gayer, an. Der ist bereits vom Amtsvorstand der Hauptpost verständigt worden, dass ein unbekannter Zivilist den Brief behoben habe.

»Wer ist es?«, fragt Gayer. »Haben Sie ihn erwischt?«

»Herr Regierungsrat – es ist – der Oberst Redl!«

»Unmöglich. Sie müssen sich irren. Kommen Sie sofort herein!«

Oberst Redl ist Nikon Nizetas!

Das Büro der politischen Staatspolizei verwandelt sich innerhalb weniger Minuten in einen Hexenkessel. Und als Polizeiagent Macha eintrifft, sagt er: »Es gibt keinen Zweifel, Oberst Redl ist Nikon Nizetas, er ist der Verräter!«

Nun muss Redls Handschrift identifiziert werden. Major Ronge lässt sich das von Redl bei Übernahme des Briefs mit den Worten »Nikon Nizetas« versehene Stück Papier vom Postamt bringen. Gleichzeitig langen aus dem Evidenzbüro Dienstakte mit persönlichen Vermerken des seinerzeitigen Kundschaftsoffiziers ein. Kein Zweifel: Die Handschriften stimmen überein.

Um eine mögliche Flucht zu verhindern, wird Redl sofort unter Bewachung gestellt. Kriminalbeamte der Staatspolizei »übernehmen« Portal und Lieferanteneingang des Hotels Klomser. Ronge ruft indes seinen Vorgesetzten, Oberst August von Urbanski, den Chef des Evidenzbüros, an. »Mich traf Ronges Meldung wie ein Keulenschlag«, schreibt dieser in seinen Lebenserinnerungen. Urbanski kommt jetzt die schwere Aufgabe zu, Franz Conrad von Hötzendorf, den Chef des k. u. k. Generalstabs, von seiner brisanten Wahrnehmung zu informieren. Der General befindet sich gerade in großer Gesellschaft im Speisesaal des Wiener Grand Hotels, wo ihn Urbanski antrifft. »August, was bringst du mir Schönes?«, fragt General Conrad gut gelaunt seinen Freund und Kameraden.

»Dürfte ich Eure Exzellenz gehorsamst um ein Gespräch unter vier Augen bitten?«

»Was, mitten im Abendessen? Ist's wirklich so dringend? Na also, geh'n wir.«

In einem Nebenraum erstattet Urbanski dem Generalstabschef die Meldung, dass der Brief an Nikon Nizetas heute Nachmittag abgeholt wurde. Detektive verfolgten den Verdächtigen danach.

»Nun, wer ist der Mann?«, fragt Conrad.

»Es ist ...«

»Heraus mit der Sprache, August, ich bin darauf vorbereitet, dass es nicht der erste Beste ist.«

»Exzellenz, es ist Oberst Redl.«

»Ich bin darauf vorbereitet, dass es nicht der erste Beste ist«

»Wer? Sind Sie wahnsinnig geworden?«, schreit Conrad von Hötzendorf. »Nehmen Sie sich in Acht, Herr Oberst!«

»Exzellenz ...«

»Entschuldige, August. Oberst Redl! Ist denn das sicher?« Kreidebleich lässt sich Conrad von Hötzendorf auf einen Stuhl in dem kleinen Extrazimmer des Grand Hotels fallen. Er spricht kein Wort, versucht sich der Tragweite der Affäre bewusst zu werden. Wenn das bekannt wird ... Erzherzog Franz Ferdinand und der Kriegsminister verachten den Generalstab sowieso. Und wenn es die Verbündeten im Deutschen Reich erfahren, welche Besorgnis, welches Misstrauen! Und den oppositionellen Nationen der Monarchie liefern wir wieder einen neuen Grund zur Unruhe. Und der Feind – welche Schmach. Alles morsch und dem Untergang nahe, sagt man der Monarchie ohnehin schon nach. Nein, das alles darf nicht passieren.

Conrad von Hötzendorf befiehlt daher unbedingte Geheimhaltung, nicht einmal Kaiser und Thronfolger dürfen die Wahrheit über den Spion aus den eigenen Reihen erfahren. Und dann wörtlich zu Urbanski: »Der Verbrecher ist zu verhaften. Durch ein Verhör ist festzustellen, was von ihm verraten wurde. Wenn es aus prozessualen Gründen zulässig ist, ist Redl zu gestatten, sich selbst zu richten ...«

Die Alternative zu Redls befohlenem Selbstmord wäre ein aufsehenerregender Spionageprozess gewesen. Doch ein Generalstabsoffizier vor einem Militärgericht wäre einer Verurteilung des gesamten Generalstabs gleichgekommen, das durfte nicht sein. Deshalb musste Redl sofort sterben.

»Niemand darf etwas über die Todesursache erfahren! Bin ich verstanden worden, Herr Oberst?«

»Zu Befehl, Exzellenz!«

»Heute Nacht muss alles geschehen.«

»Zu Befehl Exzellenz!«

Alfred Redl ist ein viel zu gewiefter Kenner der Materie, als dass er jetzt noch Zweifel an seiner bevorstehenden Festnahme gehabt hätte. In seinem Zimmer des Hotels Klomser sitzend, weiß er, dass das Futteral seines Taschenmessers, mit dem er das Kuvert auf der Fahrt von der Hauptpost zum Café Kaiserhaus aufgeschnitten hat, nicht zufällig auf dem Tisch neben der Rezeption lag. Und dass es sicher ein Agent der Staatspolizei dort hinterlegt hat. Ein von seinem einstigen Schüler Major Ronge instruierter Detektiv.

Conrad von Hötzendorf gab Befehl, eine Kommission einzusetzen, die den Fall zu einem Ende bringen soll. Schlag Mitternacht öffnen vier Offiziere die Eingangstüre des Hotels Klomser. Sie laufen durch die Halle hinauf in den ersten Stock, klopfen an der Tür Nr. 1. Während ein heiseres »Herein« hörbar wird, öffnen sie. August von Urbanski hielt schriftlich fest: »Redl empfing mich mit den Worten: ›Ich weiß schon, weshalb die Herren kommen. Ich bin das Opfer meiner unseligen Leidenschaft. Ich weiß, dass ich mein Leben verwirkt habe und bitte um eine Waffe, um mein Dasein beschließen zu können.‹«

»Redl«, notierte Major Max Ronge weiter, »war ganz gebrochen, wollte sein Geständnis aber nur mir allein machen.« Die anderen Kommissionsmitglieder begeben sich in ein anderes Zimmer und nun erzählt der Oberst,

»Ich bitte um eine Waffe, um mein Dasein beschließen zu können«

dass er in den Jahren 1910 und 1911 Russland, Frankreich und Italien mit Informationen bedient habe. Das Geständnis sollte sich als halbherzig erweisen, da wir aus Unterlagen der Spionagezentrale St. Petersburg wissen, dass Redls Agententätigkeit bis ins Jahr 1901 zurückreichte.

Die Aufgabe der Kommission ist erfüllt

Dem inzwischen wieder ins Zimmer eingetretenen Oberst Urbanski erklärt Redl, dass sich alle Beweise für die eben gestandene Spionagetätigkeit in seiner Prager Wohnung befänden. Die Kommission gibt sich mit dieser Aussage zufrieden.

Eines der Mitglieder fragt den Verräter: »Eine Schusswaffe haben Sie, Herr Redl?«

Redl: »Nein.«

Das Mitglied der Kommission: »Sie dürfen um eine Schusswaffe bitten, Herr Redl.«

Redl (*stockend*): »Ich bitte – gehorsamst – um einen Revolver.«

Niemand hat einen bei sich. Major Ronge eilt ins Kriegsministerium, holt einen Browning, den er Redl überreicht. Damit ist die Aufgabe der Kommission erfüllt.

Selbstmord wird konstatiert

In der Morgendämmerung des 25. Mai 1913 wird Oberst Redl von einem unbekannten Anrufer am Telefon verlangt. Der Portier will Redl holen – und entdeckt dessen Leichnam in seinem Zimmer. Das Klomser verständigt die Polizei von einem im Haus vorgefallenen Todesfall. Mehrere Kriminalbeamte finden sich zum Lokalaugenschein ein und konstatieren Selbstmord.

Auf dem Schreibtisch findet sich ein Brief Redls an seinen Bruder Wladimir: »Leichtsinn und Leidenschaft haben mich vernichtet. Ich büße mein Irren mit dem Tode,

Im Hotel Klomser in der Wiener Herrengasse wurde der Spion Alfred Redl vom österreichisch-ungarischen Generalstab zum Selbstmord gezwungen.

Alfred. Post scriptum: Es ist ¾ 2 Uhr. Ich werde jetzt sterben. Betet für mich.«

Die schwer-
wiegenden Folgen
des Verrats

Die Nachricht vom Tod des angesehenen Offiziers verbreitet sich in Wien wie ein Lauffeuer. Noch am Morgen des 25. Mai 1913 gibt das k. u. k. Telegraphen-Korrespondenzbüro die Meldung aus: »Der Generalstabschef des Prager Armeekorps, Oberst Alfred Redl, hat sich in einem Anfall von Sinnesverwirrung das Leben genommen. Der hochbegabte Offizier, dem eine große Karriere bevorstand, hat in der letzten Zeit an Schlaflosigkeit gelitten.«

Die Affäre sollte sich deshalb als so folgenschwer erweisen, weil sie entscheidenden Einfluss auf den Verlauf des Ersten Weltkrieges und damit auf das Ende des deutschen und des österreichischen Kaiserreichs hätte nehmen können. Oberst Redl hatte neben zahlreichen anderen militärischen Geheimnissen auch die alles entscheidenden Aufmarschpläne der k. u. k. Armee verraten, die die detaillierten Vorsorgen für den Kriegsfall enthielten und daher das größte militärische Geheimnis jedes Staates darstellen. Neben Kaiser und Kriegsminister hatte bestenfalls ein Dutzend Generalstabsoffiziere, deren hundertprozentiger Integrität man sicher sein konnte, Zugang zu diesem wichtigsten Schlüssel für die Sicherheit des Staates. Und zu diesen Männern zählte – Alfred Redl.

Verheerende
österreichische
Verluste

Die österreichisch-ungarische Armee sollte den Verrat schon in den ersten Kriegstagen im Sommer 1914 zu spüren bekommen. Denn via St. Petersburg hatte auch Belgrad Kenntnis der detailreichen Unterlagen erhalten. Anstatt, wie in Wien vorausgeplant, Serbien in wenigen Tagen oder

Wochen »zu erledigen«, schleppte sich der Feldzug dreizehn Monate hin und führte zu verheerenden österreichischen Verlusten. Es ist durchaus möglich, dass der Weltkrieg ohne Redl einen ganz anderen Verlauf hätte nehmen können.

Kaiser, Volk und Vaterland« ins Unglück zu stürzen, war für den Spion jedenfalls ein lukratives Geschäft. Die Gesamteinnahmen Redls für seine zwölfjährige Spionagetätigkeit dürften bei 500 000* Kronen gelegen sein.

Der Selbstmord des Generalstabsoffiziers Alfred Redl war der einzige Fall, der das sonst diskrete Hotel Klomser in der Wiener Herrengasse in den Mittelpunkt weitreichender Berichterstattung stellte. In dem Gebäude in der Wiener Herrengasse, das im Jahr 1924 von der Niederösterreichischen Brandschadenversicherung gekauft wurde, war bis 2012 die Redaktion der Tageszeitung *Der Standard* untergebracht. Heute befindet sich das Palais im Besitz der Karl-Wlaschek-Stiftung.

Das sonst diskrete Hotel Klomser

---

*   Entspricht laut »Statistik Austria« im Jahr 2016 einem Betrag von ca. 1,3 Millionen Euro.

Whitney Houstons Leichnam in der Badewanne
Drogentod im Beverly Hilton Hotel

Whitney Houston (1963–2012), US-amerikanische Pop- und Souldiva, eine der erfolgreichsten Sängerinnen aller Zeiten

Wir kamen gegen Abend im Beverly Hilton an und glaubten unseren Augen nicht trauen zu können. Denn während wir an der Rezeption eincheckten, liefen wenige Meter neben uns Elizabeth Taylor, Michael Jackson, Goldie Hawn, Kevin Kostner, Joan Collins, Pierce Brosnan und Ex-Präsident Gerald Ford über den roten Teppich. Nicht, dass es in Hollywoods behaglichster Absteige jeden Tag so zuginge, aber die Promidichte ist dort ganz allgemein ziemlich hoch. Der Grund für den Auftrieb an jenem Abend, dem 29. Oktober 2000, war eine *Carousel Of Hope*-Charity-Gala, deren Einnahmen Kindern mit Diabetes zugute kam.

Elf Jahre später finden sich wieder viele Stars im Beverly Hilton Hotel in Los Angeles ein, diesmal sollen im nahen Staples Center die Grammy Awards vergeben werden. Zu den Gästen zählen Barbra Streisand, Tony Bennett, Lady Gaga, Katy Perry – und die Schauspielerin, Soul- und Popsängerin Whitney Houston. Doch sie kommt am Tag vor der Verleihung der weltweit wichtigsten Musikpreise tragisch ums Leben. Ein Bodyguard findet die 48-jährige Popdiva am 11. Februar 2012 tot in der Badewanne ihrer Suite 434 im vierten Stock des Beverly Hilton Hotels. Der Todeszeitpunkt wird von einem Polizeisprecher mit 15.55 Uhr angegeben. Wie ihre Mutter erklärte, hätte sie noch eine halbe Stunde davor mit ihr telefoniert, und ihre Cousine, die Sängerin Dionne Warwick, gab bekannt, dass es Whitney Houston zuletzt sehr gut gegangen sei und sie sich auf die Grammy-Party gefreut habe.

Tragischer Drogentod im Beverly Hilton Hotel: Popdiva Whitney Houston

Hollywood und die Musikwelt erstarren in Trauer. Whitney Houston hatte eine Jahrhundertsimme, die drei Oktaven umspannte und die Hitparaden von Mitte der 1980er- bis weit in die 90er-Jahre hinein regierte. Von ihren Liedern wie »I wanna dance with somebody« und »How will I know« wurden mehr als 200 Millionen Tonträger verkauft, ihr

Song »I will always love you« ist die weltweit meistverkaufte Single einer Sängerin.

Drogen- und Alkoholprobleme

Gerüchte, aber auch persönliche Eingeständnisse über Drogen- und Alkoholprobleme Whitney Houstons gab es seit Langem. Doch hatte man gerade in jüngster Zeit gedacht, dass sich die sechsfache Grammy-Preisträgerin nach einer Entziehungskur auf dem Weg der Besserung befand, und sie selbst hatte in einem Interview erklärt, »clean« zu sein. Mit einem Überraschungsauftritt bei der Grammy-Verleihung wollte sie nach längerer Zeit zum ersten Mal wieder auf einer Bühne stehen, allerdings tauchten gerade in den Tagen vor ihrer Ankunft im Beverly Hilton Hotel Fotos auf, die auf einen schlimmen Rückfall schließen ließen. Whitney Houstons Mutter sagte nun, dass sie möglicherweise aus Angst vor ihrem Comeback bei der Grammy-Verleihung wieder zu den Drogen gegriffen hätte.

Der Autopsiebericht

Sechs Wochen nach ihrem Tod bestätigt der abschließende Autopsiebericht, dass die Sängerin mit Kokain, Marihuana und diversen Beruhigungsmitteln im Blut in der »mit extrem heißem Wasser gefüllten Badewanne« ihrer Hotelsuite ertrunken sei, dass aber auch eine Herzschwäche vorlag. »Wir haben Wasser in ihren Lungen gefunden«, erklärte der Gerichtsmediziner Craig Harvey. »Das ist ein Indiz dafür, dass Whitney Houston noch lebte, als sie im Wasser untertauchte.« Es sei sowohl möglich, dass sie durch die Einnahme von Kokain das Bewusstsein verloren habe, als auch, dass sie eine Herzattacke erlitten hat und ertrunken ist.

Whitney Houston war als Gast zur Verleihung der Awards geladen und sollte am Tag ihres Todes an der

234

beliebten Pre-Grammy-Party, die im Beverly Hilton Hotel stattfand, teilnehmen. Als sie dort nicht erschien, wurde ein Securitymann in ihr Appartement geschickt. Dieser fand sie, mit dem Gesicht nach unten, tot in ihrer Badewanne auf und leitete sofortige Wiederbelebungsversuche ein, die jedoch erfolglos blieben.

Kurz nach Bekanntwerden der Tragödie wird die Veranstaltung im Beverly Hilton mit der Nachricht von Whitney Houstons Tod unterbrochen. Der Schockstarre der im Saal befindlichen Künstler folgt eine Diskussion, ob die Party abgebrochen werden soll. Man einigt sich darauf, dem Motto »The show must go on« treu zu bleiben und setzt die Feier fort, doch wird sie – wie auch die Grammy-Verleihung am nächsten Tag – zu einem »Tribute to Whitney Houston«-Abend abgeändert, an dem die anwesenden Entertainer ihre Lieder singen.

»Tribute to Whitney Houston«

Die Soullegende war fünfzehn Jahre mit dem Rhythm-and-Blues-Sänger Bobby Brown verheiratet gewesen, ließ sich aber 2007 von ihm scheiden. Das drogensüchtige Paar hatte eine gemeinsame Tochter Bobbi Kristina Brown, die als Sängerin und Schauspielerin ebenfalls bereits erste Erfolge feiern konnte. Als sie zur Jahreswende 2014/15 öffentlich die Befürchtung äußerte, dass auch sie wie ihre Mutter enden würde, machten sich Familienangehörige, Freunde und Kollegen Sorgen um ihren Gesundheitszustand.

Tatsächlich fand man Bobbi Kristina am 31. Jänner 2015 bewusstlos in ihrem Haus auf. Sie lag wie einst ihre Mutter in der Badewanne. Doch die 22-Jährige war am Leben, sie wurde in mehrere Spitäler und zuletzt in ein Hospiz

Der Tod der Tochter

Die Suite 434, in der Whitney Houston starb, erhielt eine andere Zimmernummer: das Beverly Hilton Hotel in Los Angeles

gebracht. Auch sie konnte nicht gerettet werden, Bobbi Kristina Brown starb am 26. Juli 2015 an den Folgen einer Lungenembolie, hervorgerufen durch Alkohol- und Drogenmissbrauch.

Das zwischen Wilshire und Santa Monica Boulevard gelegene Beverly Hilton, in dem Whitney Houston starb, war 1953 von Conrad Hilton mit 582 Zimmern eröffnet worden. Seinen außergewöhnlichen Status verdankt das Hotel im Nobelviertel Beverly Hills den vielen prominenten Gästen und den großen Veranstaltungen im International Ballroom, in dem auch die Golden Globes vergeben werden. Richard Nixon beschimpfte hier 1962, nach den Gouverneurswahlen in Kalifornien, in seiner von ihm selbst so bezeichneten »letzten Pressekonferenz« die Journalisten, denen er die Schuld an seiner Niederlage gab. Bei dieser Gelegenheit erklärte der spätere US-Präsident auch seinen angeblich »endgültigen Rückzug« aus der Politik.

Whitney Houstons Sterbezimmer 434 wurde nach ihrem Tod vom Management des Hotels architektonisch umgestaltet und seither unter einer anderen Zimmernummer vermietet. Für das Jahr 2017 plant die heutige Hilton-Eigentümergesellschaft Oasis West Realty die Eröffnung eines neuen Waldorf Astoria Beverly Hills Hotels neben dem alten Beverly Hilton.

Neben dem Beverly Hilton entsteht ein neues Hotel

237

Zweimal Tafelspitz
Der Tod des Grafen Stürgkh im Wiener Hotel Meißl & Schadn

Karl Graf Stürgkh (1859–1916), österreichisch-ungarischer Politiker, k. u. k. Ministerpräsident

Es ist sein festgefahrenes Ritual. Wie jeden Mittag betritt der österreichisch-ungarische Ministerpräsident Karl Graf Stürgkh den im ersten Stock gelegenen Großen Speisesaal des Hotels Meißl & Schadn in der Wiener Innenstadt. Der 56-jährige Regierungschef nimmt an diesem Samstag, dem 21. Oktober 1916, an seinem Stammtisch Platz und bestellt eine Portion Tafelspitz.

Am Nebentisch sitzt Friedrich Adler, der 37-jährige Sohn des Gründers der österreichischen Sozialdemokratie, Viktor Adler. Er hat sich für dieselbe Speise entschieden und nimmt nach dem Tafelspitz noch eine Portion Zwetschkenkuchen. »Ich habe mir gesagt, wer weiß, wann ich wieder zum Essen komme«, wird er später bei der Gerichtsverhandlung erklären. Als Adler mit dem Nachtisch fertig ist, ruft er den Ober, begleicht ordnungsgemäß seine Rechnung und erhebt sich. Er geht auf den Grafen Stürgkh zu und feuert aus einem Revolver drei Schüsse ab. Der Ministerpräsident ist auf der Stelle tot.

Der Oberkellner, Herr Grumbach, und mehrere zufällig anwesende Offiziere halten Friedrich Adler, als die Schüsse

Im Restaurant des Hotels Meißl & Schadn: Friedrich Adler schießt auf Karl Graf Stürgkh, Zeitungsbericht vom 22. Oktober 1916.

gefallen sind, bis zum Eintreffen der Polizei fest. Danach lässt sich der Attentäter widerstandslos verhaften und legt ein volles Geständnis ab.

Das Hotel Meißl & Schadn lag am Neuen Markt 2, konnte aber auch von der Kärntner Straße aus betreten werden. Das Gebäude wurde 1896 errichtet, davor stand an seiner Stelle ein Hotel gleichen Namens. Im 17. Jahrhundert befand sich hier das Gasthaus Zum blauen Hirsch, und 1794 soll Joseph Haydn in dem Gebäude die spätere Kaiserhymne komponiert haben.

Das Meißl & Schadn hatte eine sehr unterschiedliche Gästestruktur. Während das noble Hotelrestaurant im ersten Stock für Adel und Bürgertum als »Mekka der Rind-

Wo Haydn die Kaiserhymne komponierte

239

fleischesser« galt, trafen einander in der Schwemme im Erdgeschoß die Fiaker des nahe gelegenen Standplatzes zu Gulasch und Bier.

Friedrich Adler (1879–1960), Mathematiker, Physiker, sozialdemokratischer Politiker

Der Täter Friedrich Adler hatte in Zürich Mathematik und Physik studiert und dort nach seiner Promotion als Privatdozent gelehrt. Er war mit der Russin Katarina Germanisskaja verheiratet, mit der er zwei Töchter und einen Sohn hatte, die zum Zeitpunkt des Mordes noch im schulpflichtigen Alter waren. 1909 bewarb sich Friedrich Adler gleichzeitig mit Albert Einstein, dem er seit der gemeinsamen Studienzeit freundschaftlich verbunden war, an der Universität Zürich um die Stelle eines außerordentlichen Professors für theoretische Physik, verzichtete dann jedoch zugunsten Einsteins. Als dieser zwei Jahre später an die Universität Prag wechselte, schlug er den als hochbegabt geltenden Adler als seinen Nachfolger vor. Doch der zeigte zu diesem Zeitpunkt bereits politische Ambitionen und kehrte nach Wien zurück, wo er Sekretär der Sozialdemokratischen Arbeiterpartei wurde. In dieser Funktion sprach er sich stets vehement gegen den Eintritt Österreichs in einen Krieg aus.

Viktor Adler kämpft für seinen Sohn

Sein Vater Viktor Adler, der lange als Armenarzt ordinierte, bricht, als er von der Tat seines Sohnes erfährt, zusammen. Er ist 64 Jahre alt und schwer herzkrank. Er entschließt sich trotz seiner angeschlagenen Gesundheit, für seinen Sohn zu kämpfen, indem er – auch als Zeuge vor Gericht – behauptet, dieser hätte in plötzlicher Geistesverwirrung gehandelt. Das scheint ihm die einzige Chance, sein Leben zu retten, andernfalls würde ihn die sichere Todesstrafe erwarten.

Im Restaurant des Hotels Meißl & Schadn am Wiener Neuen Markt wurde der österreichisch-ungarische Ministerpräsident Karl Graf Stürgkh ermordet.

Das Opfer Karl Graf Stürgkh gehörte der Gruppierung der Großgrundbesitzer im Reichsrat an. Er war zunächst Unterrichtsminister und wurde 1911 k. u. k. Ministerpräsident. Stürgkh regierte ab 1914 unter Ausschaltung des Reichsrats autoritär und ignorierte jegliche Forderung der Opposition nach Wiedereinberufung des Parlaments. Nach Stürgkhs gewaltsamem Tod ernannte Kaiser Franz

Joseph den bisherigen Finanzminister Ernest von Koerber zu seinem Nachfolger. Es war dies eine seiner letzten Amtshandlungen – der Kaiser starb vier Wochen nach dem Attentat, am 21. November 1916, im Alter von 86 Jahren.

Karl Stürgkh hinterließ keine Kinder. Er war nie verheiratet – laut Familienüberlieferung deshalb, weil er ein derart treuer Diener seines Herrn gewesen sei, dass eine Frau an seiner Seite keinen Platz gefunden hätte. Angeblich hatte er sogar in einem Vorraum des jeweiligen Ministerbüros, in dem er gerade tätig war, ein Feldbett aufgeschlagen, auf dem er zuweilen zu schlafen pflegte.

Der Mordprozess im Mai 1917

Friedrich Adler muss sich am 18. und 19. Mai 1917 im Wiener Landesgericht in einem viel beachteten Mordprozess verantworten, dessen stenografische Protokolle vorliegen. Warum er sich nicht einmal durch den Gedanken an seine Frau, seine Kinder und seine Eltern von der Tat abhalten ließ, wird Adler einleitend von Richter Ehrenreich gefragt.

»Im Krieg auf fremde Menschen zu schießen«, antwortet der Angeklagte, sei um nichts weniger verwerflich »als ein Mordanschlag auf den Ministerpräsidenten«, den er als gefährlichen Kriegshetzer sah. Es könne nicht sein, dass geschichtliche Taten nur von kinderlosen Waisen durchgeführt werden dürfen.

Vom Gericht dazu aufgefordert, beginnt Friedrich Adler nun mit der Schilderung des Tathergangs: »Hinter dem Tisch des Grafen Stürgkh im Hotel Meißl & Schadn saß eine Dame. Es ist dort ein Durchgang zwischen Säule und Wand, durch den man durchschießen könnte, und ich habe mir gesagt, wenn ich danebenschieße, könnte ich die

Dame treffen, und ich sagte mir, das kann ich nicht tun ...
Dann ging die Dame weg, um 2 oder ½ 3 Uhr. Die Uhr
des Hotels war gerade vor mir. Von dem Momente an sagte
ich mir: Jetzt muss es geschehen. Doch es kamen immer
wieder Kellner dazwischen, die den Grafen Stürgkh bedien-
ten. Es bewegten sich immer mehr Leute durch den Saal ...
Dann kam ein Moment, wo kein Kellner da war und da
gab es mir einen Ruck und ich bin vorgegangen. Es war
eine Überraschung für mich, wie schnell die Automatik
funktioniert hat, so dass die Schüsse gefallen sind.«

Die Einvernahme Adlers, der mit einem Browning-
Revolver auf Stürgkh geschossen hat, dauert fast sechs
Stunden. »In dem rückwärtigen Saale des Restaurants

»Es war eine Überraschung für mich, wie schnell die Automatik funktioniert hat, sodass die Schüsse gefallen sind«: Attentäter Friedrich Adler, Opfer Karl Graf Stürgkh (re.)

saßen einige hohe Offiziere«, fährt Friedrich Adler fort. »Sie haben mich dann am Kragen gewürgt und mir die Brille heruntergerissen, und über mir war ein Säbel. Da habe ich gerufen, ich bin Dr. Adler, ich stelle mich dem Gericht ...« An anderer Stelle erklärt er, zu diesem Zeitpunkt bereits mit seinem Leben abgeschlossen zu haben.

*Adler über-
nimmt die volle
Verantwortung*

Friedrich Adler ist vor dem Ausnahmegericht nicht bereit, die Strategie seines Vaters, er hätte in einem Anfall von Geistesverwirrung gehandelt, zu übernehmen. Er legt sogar Wert darauf, die volle Verantwortung für die Tat zu tragen, weil sie als Wahnsinnstat für ihn, für das Land und für die internationale Arbeiterbewegung »nutzlos gewesen wäre«.

Am 19. Mai 1917 spricht der Vizepräsident des Landesgerichts Wien, Hofrat von Heidt, das Urteil: »Im Namen Seiner Majestät des Kaisers. Friedrich Adler ist schuldig, gegen Dr. Karl Graf Stürgkh in der Absicht, ihn zu töten, durch Abgabe von drei Revolverschüssen auf solche Art gehandelt zu haben, dass daraus dessen Tod erfolgte. Dr. Friedrich Adler hat hiedurch das Verbrechen des Mordes begangen und wird nach § 136 zur Strafe des Todes verurteilt.«

*Kaiser Karl
begnadigt
Friedrich Adler*

Friedrich Adler sollte seiner Hinrichtung entgehen, da kurz vor der Vollstreckung eine Amnestie für politische Gefangene eingeleitet wurde. Der Attentäter blieb in Haft, aber als Kaiser Karl in seinen Gesprächen mit dem sozialdemokratischen Parteiführer die letzte Chance zur Rettung der Monarchie sah, wollte er ein Zeichen setzen und begnadigte dessen Sohn. Nicht genug damit, dass Friedrich Adler nur zwei Jahre nach der Tat, am 1. November 1918, aus der Strafanstalt Stein entlassen wurde, stellte ihm der Kaiser für die Fahrt aus dem Gefängnis sogar seinen privaten Gräf & Stift-Wagen zur Verfügung.

Den Thron kann Kaiser Karl auch damit nicht retten. Wenige Tage später werden Viktor Adler und die österreichisch-ungarische Monarchie gleichzeitig zu Grabe getragen. Adler stirbt am 11. November 1918 und damit just an dem Tag, an dem der Kaiser »auf jeden Anteil der Staatsgeschäfte verzichtet«. 24 Stunden später wird die Republik Deutsch-Österreich ausgerufen.

Friedrich Adler fand nach seiner Freilassung in ein bürgerliches Leben zurück. Da er stets für den Frieden plädiert hatte, wurde er nach dem Krieg, der zehn Millionen Menschenleben forderte, wie ein Volksheld gefeiert. Der glühende Pazifist wurde Abgeordneter zum Nationalrat und Generalsekretär der Sozialistischen Internationale und emigrierte nach Hitlers Einmarsch in die USA, wo er die Exilorganisation der österreichischen Sozialisten leitete.

Nach dem Krieg wie ein Volksheld gefeiert

1946 übersiedelte er mit seiner Familie wieder nach Zürich. Und nach seinem Tod am 2. Jänner 1960 wurde er im Ehrengrab an der Seite seines Vaters am Wiener Zentralfriedhof beigesetzt.

Das Meißl & Schadn brannte in den letzten Tagen des Zweiten Weltkrieges ab, an seiner Stelle am Neuen Markt befindet sich heute das Hotel Europa.

»Sie scheinen dieses Mal arg gespielt zu haben«
Spielerschicksale im Hôtel de Paris in Monte Carlo

Draußen, vor dem imposanten Entree, quälen sich die Touristenmassen durch die Hitze an der Côte d'Azur, drinnen herrschen angenehme Temperaturen, und es geht äußerst distinguiert zu. Der livrierte Kellner, der mir in der Bar des Hôtel de Paris einen kühlen Drink serviert, bewegt sich wie ein persönlicher Kammerdiener, als er das Glas auf meinen Tisch gleiten lässt. Dass das Hôtel de Paris zu den *Leading Hotels of the World* zählt, erkennt man auch daran, dass vor dem Gebäude sieben Limousinen der Marke Rolls-Royce stehen. Mit anderen Wagen wird einem vom zwei Meter großen Doorman keine Chance auf einen Parkplatz neben dem Entree zuerkannt. Ich genieße den schweren Marmor in der Halle, ehe ich mich der Historie des ersten Hauses im Spielerparadies widme.

Paradies? In Monte Carlo nahmen sich gegen Ende des 19. Jahrhunderts durchschnittlich zweihundert Personen pro Jahr das Leben, nachdem sie ihr Vermögen beim Roulette oder Baccara verloren hatten. Den Casinoangestellten kam im Auftrag der Direktion die Aufgabe zu, den Leichen, die im Park vor der Spielbank lagen, Geldscheine in

246

die Sakkotaschen zu stecken, damit der gute Ruf des Instituts gewahrt bliebe. Man sollte durch diesen Trick annehmen, die Unglücklichen wären aus Liebeskummer oder irgendeinem anderen schnöden Grund aus dem Leben geschieden. Und Gott bewahre, nur ja nicht, weil sie ihr Vermögen verspielt hatten. Relativ glücklich kamen da noch die in einer Nacht mittellos gewordenen Casinobesucher davon, die von der Bank eine Wegzehrung (»Viatique«) erhielten, um wenigstens heil nach Hause zu kommen.

Zwischen Casino und dem Fünf-Sterne-Hôtel de Paris liegt ein Gässchen, das so schmal ist, dass man augenblicklich erkennt, wie sehr die beiden palaisartigen Gebäude zusammengehören. Spielen, essen, trinken, schlafen, ein Bad am Hotelstrand nehmen – das sind die wichtigsten Vergnügungen in Monte Carlo. Und natürlich jedes Jahr im Mai der Grand Prix von Monaco. *Spielen, essen, trinken, schlafen ...*

Wenn man aus dem Casino fällt, landet man unweigerlich im benachbarten Hôtel de Paris und umgekehrt. Und jede der beiden Immobilien zählt zu den teuersten der Welt. Die Lage am Place du Casino im Zentrum des Zwergstaates garantiert explodierende Grundstückspreise.

Dabei waren die ersten Jahre der 1854 eröffneten Spielbank keineswegs von Erfolg gekrönt. Erst François Blanc, der nach elf Jahren die Konzession übernahm, erkannte, dass das Ausbleiben der Gäste am Mangel erstklassiger Hotels lag. Monsieur Blanc gründete die *Société des Bains de Mer de Monaco*, die 1864 das Hôtel de Paris nach dem Vorbild des Grand Hôtel in Paris errichtete und in aller Bescheidenheit als »bestes Hotel der Welt« bezeichnete. Geld spielte dabei keine Rolle, also wurden dem mit dem *Geld spielt keine Rolle*

Wenn man aus dem Casino (linkes Gebäude) fällt, landet man unweigerlich im benachbarten Hôtel de Paris (rechts) und umgekehrt: Ansicht aus dem Jahr 1900

Bau beauftragten Architekten Jules Dutrou keine Grenzen gesetzt. Der Casinodirektor sah voraus, dass er das Geld durch die nunmehr vermehrt angelockten Spieler schnell wieder hereinbekommen würde. Tatsächlich sprachen sich der Luxus pur – und der nachfolgende Bau eines ebenfalls benachbarten Opernhauses – schnell herum, sodass russische Großfürsten, die Rockefellers, Rothschilds und Vanderbilts nicht lange auf sich warten ließen.

Katharina Schratt, mehr als dreißig Jahre lang die Freundin des österreichischen Kaisers Franz Joseph, war eine krankhafte Spielerin und verlor an den Roulettetischen von Monte Carlo so hohe Summen, dass sie die Heimreise alljährlich erst antreten konnte, nachdem ihr der Kaiser aus Wien telegrafisch Geld überwiesen hatte. »Sie scheinen dieses Mal aber wirklich arg gespielt zu haben und diese Leidenschaft im Zunehmen zu sein«, schreibt der Monarch am 21. Februar 1891 an die Schratt von Wien nach Monaco. »Wenn ich richtig zwischen den Zeilen lese, so haben Sie Ihr Reisegeld verspielt und werden daher welches pumpen müssen, um die Heimath wieder erreichen zu können.«

So war es auch. Sie »pumpte« natürlich beim Kaiser, der sie, wie alljährlich nach zweieinhalb Monaten Monte Carlo, regelrecht »auslösen« musste. Die geliebte Frau war meist nicht mehr in der Lage, die Bahnkarte für die Heimfahrt zu lösen.

Der Kaiser muss die Heimfahrt bezahlen

Dass das Hôtel de Paris mit seinen 197 Zimmern und Suiten zu den weltweit exquisitesten Palästen der Belle Epoque zählt, wusste auch der britische Premier Winston Churchill zu schätzen, weshalb er hier in seinen späten Jahren – wie nicht wenige betuchte Engländer – überwinterte. Sein Wellensittich durfte in der heutigen Sir-Winston-Churchill-Suite frei herumfliegen, bis er eines Tages entfloh und nie wieder zurückkehrte.

Angezogen durch die ehemalige Schauspielerin Grace Kelly, die zur First Lady der Monegassen aufgestiegen war, kamen Hollywoodstars wie Cary Grant und Rita Hayworth ins Hôtel de Paris, und Errol Flynn feierte 1950 im Empire Room seine (dritte) Hochzeit mit der amerikanischen Schauspielerin Patrice Wymore. Den James-Bond-Filmen *Sag niemals nie* (mit Sean Connery) und *Goldeneye* (mit Pierce Brosnan) diente das Hôtel de Paris als perfekte Filmkulisse.

Die Kulisse für zwei James-Bond-Filme

»Strangers In
The Night«

Apropos James Bond. Roger Moore, Stammgast seit den 1960er-Jahren, erinnert sich, dass er eines Abends mit dem Ehepaar Barbara und Frank Sinatra in der Bar American des Hôtel de Paris saß. »Als der Barsänger – offensichtlich, um dem berühmten Kollegen die Ehre zu erweisen – *Strangers In The Night* intonierte, unterbrach ihn Frankieboy: ›Ich mach Ihnen einen Vorschlag: Ich singe Ihre Lieder nicht und Sie singen dafür meine nicht!‹«

Der Auftritt war beendet.

Dostojewskis Spielsucht
Die Leiden des Dichters im Nassauer Hof, Wiesbaden

Noch eine Spielergeschichte, nein *die* Spielergeschichte schlechthin. Der russische Schriftsteller Fjodor Dostojewski befand sich über weite Strecken seines Lebens in großen finanziellen Schwierigkeiten. Als er im Sommer 1865 wieder einmal nicht ein noch aus wusste, beschloss er, sich das für seinen Lebensstil dringend benötigte Geld am Spieltisch zu besorgen. Privat führte der Plan zu seinem finanziellen Ruin. Literarisch gesehen jedoch zu einem bedeutenden Roman des 19. Jahrhunderts.

Dostojewski hält sich im Luxushotel Nassauer Hof in Wiesbaden auf. »Liebe Polina«, schreibt er aus der hessischen Kurstadt an seine Geliebte in Paris, »meine Situation hat sich unwahrscheinlich verschlechtert. Kurz nachdem Du weggefahren warst, erklärte man mir am frühen Morgen im Hotel, man habe Anweisung, mir weder Mittagessen noch Tee oder Kaffee zu servieren«. Der Brief an Polina endet mit der dringenden Bitte, ihm 150 Gulden zu überweisen, »damit ich diese Schweine bezahlen kann«.

In seiner Verzweiflung sucht der 44-jährige Dostojewski nach einem Thema, an dem er parallel zu seinem Roman

Fjodor Michailowitsch Dostojewski (1821–1881), bedeutender russischer Schriftsteller

Schuld und Sühne arbeiten könne. Sein Verleger ist bereit, ihm dreitausend Rubel Vorschuss zu zahlen, wenn er ihm bis 31. Oktober 1866 einen weiteren literarischen Stoff liefern würde. Dostojewski sagt zu, nimmt das Geld – und verspielt es. Was natürlich nichts daran ändert, dass er den Text beizeiten abliefern muss. Und so schreibt er, angelehnt an seine eigene selbstzerstörerische Passion, einen Roman, dessen Handlung er nur allzu gut kennt. Das Buch erscheint unter dem Titel *Der Spieler*, es geht darin um eine Gruppe von Menschen, die im fiktiven Kurort Roulettenburg, kurz vor dem finanziellen Untergang stehend, der Spielsucht erliegt. Die weibliche Hauptfigur, vor der sich der Erzähler in masochistischer Lust erniedrigt, heißt nach ihrem autobiografischen Vorbild Polina.

Die Liebe zur Stenografin

Dostojewski schiebt das Projekt mehr als ein Jahr tatenlos vor sich her, ehe er dann in seiner Not wie wild drauflos diktiert. Der auf eigenen Erlebnissen basierende Roman ist dann in der Rekordzeit von 26 Tagen fertig, wobei sich die in letzter Minute engagierte zwanzigjährige Stenografin Anna Grigorjewna Snitkina in mehrfacher Hinsicht als besonderer Glücksfall erweist. Dichter und Schreibkraft kommen einander während der intensiven Arbeit im Hotel Nassauer Hof so nahe, dass Dostojewski sich von Polina trennt und Anna im darauf folgenden Jahr heiratet.[*]

Bald leidet Anna unter der Charakterschwäche des um fünfundzwanzig Jahre älteren Schriftstellers, sie akzeptiert

---

[*] Dostojewskis erste Frau Maria Dimitrijewna war 1864 an Tuberkulose verstorben.

Fjodor Dostojewski diktiert den Roman Der Spieler *im Hotel Nassauer Hof in Wiesbaden und beschreibt darin sein eigenes Schicksal.*

ihn aber so, wie er ist. Und muss dabei mit ansehen, wie er in den Abgrund taumelt und seine letzten Reserven verliert. Fjodor Michailowitsch Dostojewski ist seit seinem ersten Deutschland-Besuch, drei Jahre davor, dem Roulette erlegen und verbringt ganze Nächte in den Casinos von Wiesbaden, Bad Homburg und Baden-Baden. In seiner russischen Heimat sind Glücksspiele verboten.

Dabei vermutet er, dass »das Spiel für die Russen erfunden wurde«. Doch der eigentliche Grund für seinen Aufenthalt in den renommierten deutschen Kurorten war zunächst nicht das Roulette, sondern seine angeschlagene Gesundheit. Unter epileptischen Anfällen leidend, erhofft er sich Genesung durch heilende Quellen, nimmt widerwillig Bäder, Trink- und Gurgelkuren auf sich.

Bäder, Trink- und Gurgelkuren

Im Sommer 1867 bereist Fjodor Michailowitsch, nun mit seiner jungen Frau, einmal mehr die deutschen Bäder und lässt sich diesmal für sieben Wochen in Baden-Baden nieder – wenn auch bei Weitem nicht so elegant wie voriges Jahr im Nassauer Hof, sondern in zwei winzigen, über einer Schmiede gelegenen Untermietzimmern. Mehr Komfort erlaubt die Reisekasse nicht. Dennoch verfällt Dostojewski wieder in sein altes Muster: »Gleich zu Beginn trieb der Teufel sein Spiel mit mir«, diagnostiziert er sein krankhaftes Verhalten in einem Brief an seinen Freund, den Dichter Apollon Maikow. »Einerseits war es ein Leichtes, in drei Tagen aus einhundert Francs viertausend zu machen. Andererseits die Schulden, die drohende Bestrafung, die seelische Unruhe und die Aussichtslosigkeit, nach Russland zurückzukehren. Und schließlich das dritte und Wichtigste – das Spiel selbst. Wissen Sie, wie es einen anzieht? Anna flehte mich an, mich mit den viertausend Francs zu begnügen und sofort abzureisen. Doch da zeigte sich die Chance, auf leichte Weise alles in Ordnung zu bringen.«

Tatsächlich hat Dostojewski schon am Tag nach der Ankunft unglaubliche viertausend Francs gewonnen, doch die Hoffnung, jetzt seinen riesigen Schuldenberg abtragen zu können, geht nicht auf. Denn er verspielt den kurzzeitigen Gewinn plus das gesamte Reisebudget. Dostojewski weiß, dass er in einem Wahn lebt, fällt Anna kniend zu Füßen und bittet sie um Vergebung – um ihr eine Stunde später wieder Geld für die Spielbank abzuluchsen. Am Ende sind selbst Kleidungsstücke, Schmuck und die Eheringe verpfändet.

»Er sah entsetzlich aus«, notiert Anna Grigorjewna in ihrem Tagebuch, »hochrot mit blutunterlaufenen Augen, wie ein Betrunkener.« Und über ihre eigene Befindlichkeit: »Ich bin so unglücklich wie noch nie.«

Anna und Fjodor führen ein höllisches Leben, er befindet sich in einer schweren Krise. In seiner vollen Konzentration auf Roulette, bekommt er kaum mit, dass seine Frau schwanger ist. Hin- und hergerissen zwischen Spielsucht und Selbstvorwürfen taumelt er von einem Tag in den anderen, ohne in dieser Phase fähig zu sein, seiner schriftstellerischen Arbeit nachzukommen.

Eines Tages besucht er in Baden-Baden seinen dort seit 1863 ständig lebenden russischen Dichterkollegen Turgenjew, dem er seit dem letzten Deutschland-Aufenthalt fünfzig Taler schuldet, die er natürlich auch jetzt nicht zurückzahlen kann. Stattdessen kommt es aus nichtigen Gründen zum Zerwürfnis, das dazu führt, dass Turgenjew Dostojewskis Auftritt in seinem Haus als »nahe der geistigen Unzurechnungsfähigkeit« beschreibt.

»Nahe der geistigen Unzurechnungsfähigkeit«

Schließlich ist es Anna, die ihren Mann nach einem wahnwitzigen Jahrzehnt mit viel Geduld und Charakterstärke von seinem Laster befreit und Ordnung in sein Leben bringt. An ihrer Seite schafft er schließlich drei seiner wichtigsten Werke, *Der Idiot*, *Die Dämonen* und *Die Brüder Karamasow*.

Dostojewski führte – infolge seines politischen Engagements in jungen Jahren – bereits lange vor dem Ausbruch seiner Spielsucht ein mehr als ungewöhnliches Leben. 1821 in Moskau als zweites von acht Kindern eines Armenarztes zur Welt gekommen, wurde er im Alter von 28 Jahren wegen Teilnahme an Treffen des antizaristischen und frühsozialistischen »Petraschewskij-Kreises« zum Tod verurteilt. Die Strafe wurde in zehnjährige Zwangsarbeit in Festungshaft und Militärdienst in Sibirien umgewandelt, wobei ein absolutes Schreibverbot über ihn verhängt wurde, das er jedoch zu umgehen wusste. Nach der Freilassung als körperliches Wrack gründete er mit seinem älteren Bruder zwei revolutionäre Zeitschriften, die verboten bzw. eingestellt wurden, worauf er zum ersten Mal die Flucht vor seinen Gläubigern antreten musste.

Gerade die Marter des Sibirien-Aufenthalts, die Jahre der Flucht, die unbändige Spielleidenschaft und die leidvolle Epilepsie trugen viel zum Einfühlungsvermögen bei der Erschaffung seiner Romanfiguren bei.

Dostojewski verbrachte die letzten zehn Jahre seines Lebens – vor allem dank der Umsicht und Besonnenheit seiner zweiten Frau Anna – in finanziell geordneten Verhältnissen, in denen er sich auch großer Anerkennung

Das Hotel Nassauer Hof in Wiesbaden bleibt durch den Roman Der Spieler immer in Verbindung mit einem Stück Weltliteratur.

erfreute. Nach dem Tod des knapp Sechzigjährigen am 9. Februar 1881 als Folge von Lungenblutungen nahmen Zehntausende Menschen an einer Trauerprozession in St. Petersburg teil. Seine Witwe Anna Grigorjewna überlebte ihn um 37 Jahre und starb am 9. Juni 1918.

Der Nassauer Hof wirbt heute noch an vorderster Stelle mit seinem berühmten Gast Fjodor Michailowitsch Dostojewski, obwohl es dort 1903 auch zur Begegnung zwischen Kaiser Wilhelm II. und Zar Nikolaus II. kam und sich John F. Kennedy, der Dalai Lama, Audrey Hepburn und Luciano Pavarotti hier aufhielten. Das 1813 eröffnete Fünf-Sterne-Grandhotel wird durch den Roman *Der Spieler* immer mit einem Stück Weltliteratur in Verbindung gebracht werden.

Der Zar trifft den Kaiser

257

Der junge Mann und die Affär'
Ernest Hemingways Doppelleben im Montafon

Die meisten Reisen, die ich für dieses Buch unternommen habe, waren exakt geplant und im Voraus organisiert. Diese allerdings nicht, sie diente nur dazu, im schönen Montafon ein paar freie Tage zu verbringen. Doch als ich dort jene unglaubliche Geschichte erfuhr, konnte ich gar nicht anders, als ihr nachzuspüren. Sie betrifft den Urlaubsgast Ernest Hemingway, der in den 1920er-Jahren mit Frau *und* Geliebter ins Montafon gekommen war. Ja, Sie haben richtig gelesen: mit Frau und Geliebter.

Ernest Hemingway (1899–1961), US-amerikanischer Schriftsteller und Literaturnobelpreisträger

An der Rezeption des Posthotels Rössle in Gaschurn zeigte man mir – nicht ohne Stolz – die Eintragung des hier registrierten Gastes. Später, als er schon weltberühmt war, notierte Hemingway, dass er in Vorarlberg »glücklich wie ein König« gewesen sei. Führte man das königliche Gefühl des Dichters ursprünglich auf hohe Berge, strahlende Sonne, kühle Drinks und sportliche Betätigung zurück, so entdeckte ich während meines Urlaubs, dass es noch einen ganz anderen Grund fürs Glücklichsein gegeben hat.

Mit der einen Frau nächtigte er im Gasthof Zur Taube (heute Hotel Taube) in Schruns. Ganz offiziell, war sie doch sein Eheweib. Die andere jedoch beglückte er im Posthotel Rössle im benachbarten Gaschurn.

Dass die Affär' nach so vielen Jahrzehnten überhaupt bekannt werden konnte, ist der Gründlichkeit der österreichischen Hotellerie zu danken. Wird man doch hierzulande allüberall aufgefordert, sich ins Gästebuch des Etablissements einzutragen, in dem man gerade nächtigt. So tat es auch Hemingway in der Nacht vom 12. zum 13. März 1926, obwohl von seinem Treffen mit der schönen Amerikanerin Pauline Pfeiffer niemand wissen durfte.

Am allerwenigsten seine gleichzeitig im zwölf Kilometer entfernten Schruns mit Söhnchen John logierende Ehefrau Hadley.

Wie - so fragt sich der durchschnittlich begabte Liebhaber und Ehemann - schafft man es, den Urlaub mit zwei

Eintragung ins Gästebuch

Mit seiner Ehefrau nächtigte Ernest Hemingway ganz offiziell im Gasthaus Zur Taube in Schruns.

259

Frauen zu verbringen, ohne dass zumindest eine der beiden von der Existenz der anderen erfährt?

Nun, der Phantasie eines genialen Romanciers sind offenbar keine Grenzen gesetzt: In der Taube wohnten neben dem Ehepaar Hemingway auch Ernests trinkfester Schriftstellerkollege John Dos Passos sowie der Maler und Mäzen Gerald Murphy. Von Schruns aus ging der Dichter mit den beiden Herren regelmäßig auf Skitour. Was damals ungleich aufwendiger war als heute, weshalb Hemingway – begleitet von den zwei Freunden – für jeden der zahlreichen Aufstiege zum Madlenerhaus mehrtägige Ausflüge einplanen musste.

Zum Zwischen-stopp ins Rössle Während also Frau und Kind brav in der Taube zurückblieben, legte »Hem« auf dem Weg zur zweitausend Meter hohen Bielerhöhe im Silvrettamassiv den einen oder anderen Zwischenstopp im Rössle ein. In dem die schöne Pauline auf ihn wartete.

»Wir schliefen eng beisammen in dem großen Bett bei offenem Fenster, und die Sterne waren nah und sehr hell«, beschreibt Hemingway seinen Aufenthalt in »einem Gasthaus im Montafon«. Jahrzehntelang blieb unbekannt, wo das war und wer mit »Wir« gemeint sein könnte.

Erst als im Juni 1988 die Mitglieder der *Ernest Hemingway Society* in Schruns tagten, kam man dem »Doppelleben« des Schriftstellers auf die Spur. Der amerikanische Hemingway-Forscher Gilbert Geis hatte beim Stöbern in Pauline Pfeiffers Korrespondenz entdeckt, dass sie just zu der Zeit im *Rössle* wohnte, als Ernest mit Frau und Kind die nahe Taube beehrte.

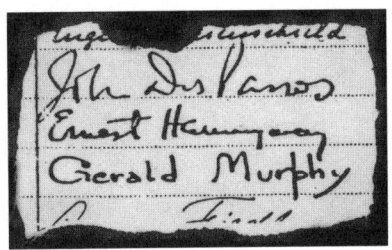

Ernest Hemingway mit seinen Freunden John Dos Passos und Gerald Murphy (von links nach rechts) auf Skitour im Montafon. Daneben ihre Eintragung vom 12. März 1926 im Gästebuch des »Posthotel Rössle« in Gaschurn.

Von dem Experten auf die Pikanterie aufmerksam gemacht, blätterte nun der damalige Rössle-Chef Arnold Keßler im Gästebuch seines Hauses. Und wurde fündig. Da stand schwarz auf weiß, was bis dahin keiner beachtet hatte: Auch Hemingway hat um die Jahreswende 1925/26 tageweise im *Rössle* logiert.

Josef Nels, der langjährige Chef der Taube in Schruns, weiß aus den Erzählungen seiner Eltern, dass »Hemingway auf Zimmer 22 wohnte und seine Frau auf Nummer 21. Er saß oft am Stammtisch, trank Unmengen von Kirschwasser und andere Alkoholika und gewann viel beim Kartenspielen.« Ein Brief, den Hemingway von hier am Heiligen Abend 1925 an seinen Freund F. Scott Fitzgerald sandte, bestätigt beides: »Gestern Nacht habe ich Poker gespielt und zuviel Bier getrunken. Sieben Flaschen. 158 000 Kronen gewonnen. Macht etwa 2,35 Dollar.«

261

Während man in der Taube also längst Bescheid wusste, gab man sich im Rössle, als ich dort Urlaub machte, über die Affär' immer noch sehr überrascht. »Meine Großmutter hat zu dieser Zeit das Hotel geführt«, berichtete Rössle-Chefin Gaby Keßler. »Aber sie hat uns nie etwas von Hemingway erzählt, sie wusste gar nichts von ihm, er war ja damals noch als unbekannter Tourist ins Haus gekommen.«

Aus der Vorarlberg-Episode wurde mehr als Liebelei. Hemingway ließ sich nach dem Ende des dreimonatigen (!) Skiurlaubs von seiner in Schruns wohnenden Frau scheiden, um etwas später die in Gaschurn untergebrachte Pauline zu heiraten.

Begründung des Weltruhms

Und doch reichte das »Montafoner Glück« nicht fürs ganze, bekanntermaßen unstete Leben des Dichters. Denn nach Pauline heiratete er noch zwei weitere Male.

Die Ferien sollten sich aber auch für Hemingways beruflichen Lebensweg als schicksalhaft erweisen. Erhielt er doch während des Österreich-Aufenthalts einen Brief seines Verlegers, in dem dieser ihm mitteilte, dass er damit einverstanden war, seinen Roman *Fiesta* zu veröffentlichen. Und just mit diesem Buch gelang dem späteren Literaturnobelpreisträger der Durchbruch. Zwischen den beiden Frauen in Schruns und Gaschurn hin- und herpendelnd, überarbeitete Hemingway jenes Manuskript komplett, das seinen Weltruhm begründen sollte.

Während Schruns seinen prominenten Hotelgast längst mit einer Tafel ehrt und allerlei Erinnerungsstücke in der Fremdenverkehrswerbung einsetzt, konnte die Hemingway-Vermarktung in Gaschurn erst viel später beginnen. Im

Heimatmuseum sind neuerdings Fotos und eine uralte Schreibmaschine ausgestellt, auf der der Dichter seinen Roman *Fiesta* korrigiert haben soll.

Was damals, zur Jahreswende 1925/26 ein Skandal gewesen, das kann heute freilich nur noch amüsieren: Pauline, die Geliebte, hatte nämlich im Posthotel Rössle – oh Gott! – ihr Nachthemd vergessen.

Es wurde an »Mrs. Hemingway« nach Paris gesandt. Denn in Schruns hatte man Pauline für die Gemahlin des Dichters gehalten.

Und damit war wohl der Anfang vom Ende von »Hems« erster Ehe gekommen. Als die echte, gerade aktuelle Mrs. Hemingway in Paris das Paket öffnete ...

Der alte Mann und das Meer bleibt sein bekanntester Roman.

Der junge Mann und die Affär' ist das pikanteste Kapitel seines Lebens.

Ernest Hemingway weilte 1925/26 mit zwei Frauen zum Skiurlaub im Montafon. Während er mit Ehefrau Hadley (Mitte) ganz offiziell im Gasthof Zur Taube in Schruns nächtigte, hatte er seine Geliebte Pauline Pfeiffer (rechts) im Posthotel Rössle im benachbarten Gaschurn untergebracht.

263

Der tödliche Schuss auf dem Balkon
Martin Luther King im Lorraine Motel in Memphis

Martin Luther King (1929–1968), US-amerikanischer Baptistenpastor, Bürgerrechtler, Friedensnobelpreisträger

Viele Menschen, die Zeugen der letzten Rede seines Lebens am Vorabend seiner Ermordung wurden, waren überzeugt davon, dass Martin Luther King seinen Tod vorausgeahnt hatte: »Wie jeder andere würde ich gerne lange leben«, sagte er im Mason Temple in Memphis/Tennessee. »Langlebigkeit hat ihren Wert. Aber darum bin ich jetzt nicht besorgt ... Und ich bin glücklich heute Abend. Ich mache mir keine Sorgen wegen irgendetwas. Ich fürchte niemanden.«

Es war naheliegend, dass der schwarze Bürgerrechtskämpfer an diesem 3. April 1968 sein Leben und damit seinen Tod thematisierte, wurden doch, ehe er nach Memphis geflogen war, mehrere Morddrohungen gegen ihn gerichtet. Morddrohungen, die man sehr ernst nehmen musste.

Vierundzwanzig Stunden nach dieser Rede steht Martin Luther King auf dem Balkon seines Zimmers Nr. 306 im ersten Stock des Lorraine Motels* in Memphis und spricht

---

* Der Begriff Motel kommt aus den USA und steht für Gastronomiebetriebe für Autoreisende.

mit einigen seiner Mitarbeiter über die Organisation eines geplanten Generalstreiks. Der 39-jährige Bürgerrechtskämpfer beugt sich über das Balkongeländer, um mit den im Erdgeschoss Stehenden einige Worte zu wechseln: Für den nächsten Gottesdienst wünscht er sich das Lied »Precious Lord Take My Hand«. Einer ruft ihm noch zu: »Es wird kalt, nimm deinen Mantel mit.« Vor der Tür des Motels wartet ein weißer Cadillac auf King, den ihm – welch sonderbare Fügung des Schicksals – ein Beerdigungsunternehmer für die Zeit seines Aufenthalts in Memphis zur Verfügung gestellt hat.

»Langlebigkeit hat ihren Wert ... ich mache mir keine Sorgen ... ich fürchte niemanden«: Martin Luther King in seiner letzten Rede am Vorabend seiner Ermordung

Es dämmert bereits, als die kleine Gruppe vom Lorraine Motel aus zum Essen aufbrechen will. Doch um 18.01 Uhr fällt ein Schuss, der von einem gegenüberliegenden Backsteinhaus abgefeuert wurde. Das Hochgeschwindigkeits-

265

geschoß zerfetzt Martin Luther Kings Gesicht, durchschlägt den Hals und verletzt ihn am Rückenmark. Er wird in das Krankenhaus von Memphis gebracht, auf dessen Operationstisch er um 18.18 Uhr stirbt. Man schreibt den 4. April 1968.

Abschaffung der Rassentrennung

Martin Luther King – der Mahatma Gandhi als sein Vorbild bezeichnete – war schon als junger Pastor eine Berühmtheit. Sein Aufstieg hatte sich nach dem 1. Dezember 1955 abgezeichnet, an dem sich die 42-jährige schwarze Näherin Rosa Parks in Montgomery/Alabama geweigert hatte, ihren Sitzplatz im Bus für einen Weißen zu räumen. Als sie deshalb verhaftet und zu einer Geldstrafe verurteilt wurde, rief Martin Luther King zu friedlichen Protestmärschen auf, im Zuge derer er selbst gut dreißig Mal festgenommen wurde und etliche Nächte in Gefängnissen zubrachte. Doch sein Widerstand war von Erfolg gekrönt: Martin Luther King bewirkte die Abschaffung der Rassentrennung in öffentlichen Verkehrsmitteln, Behörden und Restaurants.

»I have a dream«

Nur ein Jahr nach dem Fall Rosa Parks wurde der Baptistenprediger vom *Time Magazine* zum »Mann des Jahres« gewählt. Am 28. August 1963 organisierte er eine Demonstration, an der sich 250 000 Menschen am »Marsch auf Washington« beteiligten, wo der charismatische Bürgerrechtler seine historische Rede »I have a dream« hielt: »Ich habe den Traum, dass meine vier kleinen Kinder eines Tages in einer Nation leben werden, in der sie nicht wegen der Farbe ihrer Haut, sondern nach dem Wesen ihres Charakters beurteilt werden ...« Martin Luther King wurde mit seinem Traum von einem besseren Amerika zum Idol des gewaltlosen Widerstands, des zivilen Ungehorsams und der Versöhnung, zum Kämpfer für Rassengleichheit, gegen den Vietnamkrieg, wirtschaftliche Ungerechtigkeiten und schließlich zum Hoffnungsträger für Millionen Schwarze. Er stand in diesen Jahren in engem Kontakt mit den Brüdern John F. und Robert Kennedy, die seine Anliegen unterstützten – und beide sein Schicksal eines gewaltsamen Todes teilen sollten.

Anfang April 1968 kam Martin Luther King – vier Jahre, nachdem ihm wegen seines Engagements für soziale Gerechtigkeit der Friedensnobelpreis verliehen worden war – nach Memphis, um einen Generalstreik der hoffnungslos unterbezahlten, mehrheitlich schwarzen Arbeiter der Müllabfuhr zu unterstützen. Der friedliche Protestmarsch sollte am 8. April 1968 stattfinden – doch Martin Luther King erlebte diesen Tag nicht mehr.

Generalstreik mehrheitlich schwarzer Arbeiter

Das unscheinbare Gebäude des Lorraine Motels in der Mulberry Road in Memphis wird immer mit dem Namen Martin Luther King verbunden bleiben. Es wurde in den 1920er-Jahren als Marquette Hotel mit 16 Zimmern eröffnet und 1945 von seinem neuen Besitzer Walter Bailey nach seiner Frau Loree und dem Schlager »Sweet Lorraine« in Lorraine Motel umbenannt und um einen Stock erweitert. Das Lorraine Motel galt als Mittelklassequartier für Afroamerikaner und beherbergte in den 1960er-Jahren viele Musiker, darunter Ray Charles, Lionel Hampton, Aretha Franklin und Wilson Pickett.

Loree Bailey, die Frau des Motelbesitzers, erlitt wenige Stunden nach der Ermordung Martin Luther Kings einen

267

Schlaganfall und starb fünf Tage später. Ihr doppelt geschockter Mann betrieb das Motel weiter, vermietete aber das Zimmer 306 und das angrenzende Zimmer 307 aus Respekt vor dem hier verstorbenen Bürgerrechtskämpfer nicht mehr und richtete die beiden Räume als Gedenkstätte ein.

Das Lorraine wurde bis 1982 als Motel geführt und dann von der *Martin Luther King Jr. Memorial Foundation* gekauft, die 1991 in dem Haus das National Civil Rights Museum eröffnete. Seither wird hier die Geschichte der amerikanischen Bürgerrechtsbewegung von der Ankunft der ersten Schwarzen in den britischen Kolonien im Jahre 1619 bis zur Ermordung von Martin Luther King gezeigt.

Der Tod des populären Predigers zog eine Welle der Gewalt nach sich. So sehr er selbst als Symbol des friedlichen Widerstands Geschichte schrieb, brachen nach seinem Tod in 125 amerikanischen Städten Rassenunruhen aus, bei denen 46 Menschen starben und 2600 verletzt wurden.

Im Lorraine Motel in Memphis, in dem der Bürgerrechtskämpfer Martin Luther King ermordet wurde, ist heute ein Museum untergebracht.

Zwei Monate nach der Ermordung Martin Luther Kings wird der wegen eines Supermarktüberfalls vorbestrafte, aus der Strafanstalt Missouri entflohene weiße Rassist James Earl Ray auf dem Londoner Flughafen Heathrow verhaftet. Er hatte am 3. April 1968 in Memphis ein Zimmer in der heruntergekommenen Pension Bessie Brewers Rooming House gemietet und sich minuziös auf das Attentat vorbereitet. Vom Badezimmerfenster seines Zimmers hatte er einen direkten Blick auf den Balkon des gegenüberliegenden Lorraine Motels, auf dem King stand, als James Earl Ray auf ihn zielte. Von hier aus gab er, laut Ermittlungen der Staatsanwaltschaft, den tödlichen Schuss ab.

Die Mordwaffe unter falschem Namen gekauft

Während Martin Luther King schwer verwundet zusammenbricht, läuft der Täter die Treppe seiner Pension hinunter und wird dabei von seinem Zimmernachbarn Charles Stephens beobachtet, der später zum Zeugen der Anklage werden sollte. James Earl Ray wirft auf der Flucht seine Habseligkeiten in einen Hauseingang, darunter Pyjama und Waschzeug, Dokumente, ein Zielfernrohr und die Tatwaffe – ein Remington-Gamemaster-Gewehr Modell 760 mit dem Kaliber 30-06, das er wenige Tage davor unter dem falschen Namen Harvey Lowmyer in einem Waffengeschäft in Birmingham/Alabama gekauft hat. Ohne dass irgendjemand den mehrfach Vorbestraften, seit einem Jahr flüchtigen Häftling nach einem Ausweis oder gar einem Waffenschein gefragt hätte.

James Earl Ray springt nach der Tat in seinen in der Nähe geparkten weißen Ford Mustang, mit dem er auf dem Highway unbehelligt von Memphis nach Atlanta rast, obwohl der auffällige Wagen bereits zur Fahndung ausgeschrieben ist. In Atlanta, wo er ein möbliertes Zimmer gemietet hat, holt er in aller Ruhe seine Wäsche aus der Putzerei und besteigt den Bus in Richtung Detroit, von wo er über Toronto per Flugzeug nach London gelangt. Dort wird der durch Interpol Gesuchte von der britischen Polizei festgenommen und an die Behörden der Vereinigten Staaten ausgeliefert.

Der Wunsch »in die Geschichte einzugehen«

Ray gesteht in einem im März 1969 eröffneten Prozess die Ermordung Martin Luther Kings im Lorraine Motel und gibt als Motiv »Rassenhass« und den Wunsch, »in die Geschichte einzugehen«, an. Drei Tage später widerruft er sein Geständnis, wird aber dennoch ohne jede weitere Verhandlung zu 99 Jahren Haft verurteilt; James Earl Ray stirbt im April 1998 im Alter von siebzig Jahren im Gefängnis der Stadt Nashville/Tennessee.

Wie nach der Ermordung der Brüder John F. und Robert Kennedy kamen auch nach Martin Luther Kings Tod Verschwörungstheorien auf, die eine Alleintäterschaft James Earl Rays bezweifelten. Mehrmalige Untersuchungen des US-Justizministeriums und anderer Behörden gelangten jedoch immer zu dem Schluss, dass Ray geschossen habe und es keinerlei Beweise dafür gäbe, dass er irgendwelche Helfer hatte. 1999 einigten sich die Geschworenen eines Zivilprozesses darauf, dass es sich bei dem Attentat um eine Verschwörung zwischen Mitgliedern der US-Regierung und der Mafia handelte. Diese These wurde jedoch durch neuerliche Ermittlungen des Justizministeriums zurückgewiesen, zumal es für eine Verschwörung keine Beweise gäbe. Allerdings wären nicht alle Ungereimtheiten des Falles restlos aufgeklärt. Selbst Martin Luther Kings Witwe

Coretta glaubte bis zu ihrem Tod im Jänner 2006 nicht daran, dass James Earl Ray der Täter war.

Im April 2008 ging die *Frankfurter Allgemeine Zeitung* der Frage nach, ob Martin Luther Kings Postulat »I have a dream« vierzig Jahre nach seinem Tod in Erfüllung gegangen sei: dass seine vier Kinder in einer Nation leben würden, in der man sie nicht nach ihrer Hautfarbe, sondern nach ihrem Charakter beurteilen würde. Der Autor Matthias Rüb räumt in dem Feuilleton ein, dass es mit Barack Obama mittlerweile zwar den ersten Präsidenten mit afroamerikanischen Wurzeln gäbe, dass sich aber an der Tatsache nichts geändert hätte, dass mehr junge Schwarze im Gefängnis sitzen würden als in den Lehrsälen der Universitäten, dass mehr als die Hälfte der schwarzen Arbeiter sich mit schlecht bezahlten Jobs durchschlagen müssten, dass viel mehr schwarze als weiße Hauseigentümer der Mittelklasse wegen unseriöser Darlehen vor der Zwangsversteigerung stünden.

Was hat sich seit Martin Luther King geändert?

Martin Luther King wurde auf dem South View Cemetery, einem Friedhof für Schwarze, in seiner Heimatstadt Atlanta beigesetzt. Unter den Gästen der Trauerfeier befanden sich US-Vizepräsident Hubert Humphrey, der republikanische Präsidentschaftskandidat Richard Nixon, Gouverneur Nelson Rockefeller und Senator Robert F. Kennedy.

Friedhof für Schwarze

Zwei Monate nach dem Attentat auf Martin Luther King wurden auch auf ihn tödliche Schüsse gerichtet. Wieder in einem Hotel.*

---

* Siehe Seite 17 ff.

Ferdinand Raimunds Selbstmord ...
... im Goldenen Hirschen in Pottenstein

Der Kaiser im
Wirtshaus

Ein Landgasthof wie so viele in Österreich, wenn auch mit einer sehr langen – und makabren – Geschichte. Er wurde erstmals 1455 als »Wirtshaus am Platz« in der Grafschaft zu Pottenstein erwähnt und stand ursprünglich im Besitz des Schankwirts Friedrich Glezel. Ihm folgten im Lauf von mehr als fünf Jahrhunderten knapp vierzig Pächter und Eigentümer, die die Herberge mit mehr oder weniger großem Erfolg führten, manche wurden reich, andere zahlungsunfähig, einmal brannte der Gasthof ab und musste wieder aufgebaut werden, ein andermal wurde das Gebäude von den Türken zerstört. Gegen Ende des 17. Jahrhunderts erhielt das einfache Dorfwirtshaus allerhöchsten Besuch, als Kaiser Leopold I. in der Gegend zur Bärenjagd weilte und hier nächtigte. Irgendwann auf »Zum Goldenen Hirschen« umbenannt, sollte der Gasthof unter diesem Namen Geschichte schreiben. Joseph und Anna Schönbichler kauften die Ausschank mit Fremdenzimmern im Jahr 1832 für sechstausend Gulden* aus der Verlassen-

---

* Entspricht laut »Statistik Austria« im Jahre 2016 einem Betrag von rund 113 000 Euro.

schaft einer Witwe. Vier Jahre später sollten die Eheleute Zeugen einer menschlichen Tragödie werden, die nicht nur ihren Gastbetrieb erschütterte.

Die Hirschen wurden dem Volksdichter Ferdinand Raimund zum Schicksal, erblickte er doch am 1. Juni 1790 im Hirschenhaus in Wien-Mariahilf das Licht der Welt. Und im Hirschen-Gasthaus am Hauptplatz von Pottenstein ist er 46 Jahre später unter äußerst dramatischen Umständen gestorben.

Zunächst ereignet sich ein eher unbedeutend erscheinender Vorfall: Der ebenso erfolgreiche wie wohlhabende und überaus populäre Dichter und Schauspieler wird am 29. August 1836 auf seinem Besitz im niederösterreichischen Gutenstein beim Spiel von seinem Hund gebissen und an der linken Hand leicht verletzt. Da ihm eine Wahrsagerin in jungen Jahren prophezeite, er würde an den Folgen eines Hundebisses sterben, ist der von Schwermut und Melancholie geprägte Raimund überzeugt, er sei durch die Verletzung an Tollwut erkrankt und müsse jetzt elendiglich zugrunde gehen. Zwar beauftragt er seinen Fuhrmann, eine Kutsche anzuspannen, um in Begleitung seiner Freundin Antonie Wagner nach Wien zu reisen, wo er seinen Leibarzt Dr. Lichtenfels konsultieren möchte. Doch als sie unterwegs von einem schweren Gewitter überrascht werden, lässt Raimund vor dem ihm gut bekannten Gasthof Zum Goldenen Hirschen in Pottenstein bei Baden in Niederösterreich anhalten und sich vom Wirtsherrn Joseph Schönbichler ein Zimmer im ersten Stock geben.

Was sich hier abspielt, schildert der – später als Arzt beigezogene – Anton Rollett aus Baden: »Eine außerordentli-

Ferdinand Raimund (1790–1836), neben Nestroy der bedeutendste Dramatiker des Alt-Wiener Volkstheaters

che Ängstlichkeit vor einem möglichen Ausbruch der Tollwut ließ den armen Raimund die ganze Nacht nicht ruhen,
morgens um vier Uhr stand er auf, öffnete die Fenster und
klagte laut über ein ungewöhnliches Gefühl von Hitze,
Angst und banger Furcht, was er nie empfunden hatte.
Seine Freundin, die dadurch in Schrecken gesetzt, suchte
ihn zu trösten, nahm ein Glas, um ihm frisches Wasser zu
bringen. Als sie aber damit zur Thüre hereinging, machte
sich Raimund, im Bette sitzend, den mörderischen Schuss
durch den Mund. Seine Freundin, durch dieses unerwar-
tete Ereignis in volle Angst versetzt, lief zum offenen Fenster und Thüre und schrie aus vollem Halse um Hilfe. Der
Wirth, Herr Schönbichler, eilte herbey, sah den Unglücklichen im Blute im Bette liegen; er packte Raimund, rüttelte
selbst, fragend: ›Raimund? Was haben Sie gethan?‹«

*Ein Haus mit
dramatischer
Geschichte: der
Gasthof Zum
Goldenen Hirschen
in Pottenstein, in
dem sich Ferdinand
Raimund das
Leben nahm*

274

Zufällig zählt in dieser Nacht der Arzt Dr. Holzer zu den Gästen des Goldenen Hirschen. Er wird von Schönbichler geweckt und in Raimunds Zimmer geführt. Als er die Schwere der Verletzungen erkennt, ruft der Mediziner zur Unterstützung nach dem in der Nachbarschaft wohnenden Wundarzt Dr. Kaibel. Gemeinsam untersuchen sie Raimund und sehen, dass die Kugel durch den Gaumen in den Kopf gedrungen ist. Raimund, trotz der schweren Verwundung bei Bewusstsein, gibt den Anwesenden zu verstehen, dass er etwas aufschreiben möchte. Man reicht ihm ein Blatt Papier, auf das er »Gott anbeten!« schreibt.

Die Mediziner verordnen kalte Umschläge und rechnen mit dem baldigen Hinscheiden des Patienten. Indes schickt dessen Freundin den Pottensteiner Postmeister Johann Krieger zu dem bekannten Chirurgen und Kurarzt Dr. Anton Rollett nach Baden.

»Als ich mittags zu ihm kam«, erinnert sich Rollett in seiner Niederschrift weiter, »fand ich selben ausgestreckt im Bette liegend, seine beyden Augen waren geschlossen, die Augenlider schwarzblau aufgeschwollen, aus beyden Nasenlöchern floss Blut ... Sprechen konnte er nichts, alleine er hörte alles mit vollem Bewusstseyn, machte auf Verlangen den Mund zur Untersuchung auf ... Bey der Untersuchung fand ich unzählige Trümmer und Splitter von den durchstoßenen Knochen, welche bey dem Athmen die Zunge reizten. Höchst mühsam konnte ich diese Splitter mit der Schere entfernen, nach Wegnahme derer Raimund sogleich freier athmen und bequem trinken konnte. Er nahm das Glas, um zu trinken, in seine linke Hand und trank wiederholt zur sichtbaren Erfrischung.«

Dr. Rollett am Krankenbett Ferdinand Raimunds

Rollett verordnet dem Patienten Eisumschläge, Mandelmilch und entzündungshemmende Getränke – auch er mit der Prognose, dass der Tod in absehbarer Zeit eintreten würde. Mehr Hilfe konnte in damaligen Zeiten selbst ein prominenter Mediziner wie Anton Rollett nicht leisten. Nach der Erstversorgung verlässt er Raimunds Zimmer im Goldenen Hirschen.

»Als ich auf neues Verlangen am 31., Tags darauf, Nachmittag zu dem Patienten kam«, erinnerte sich Rollett, »fand ich selben zu meinem Verwundern nicht nur noch am Leben, sondern bey vollem Bewusstseyn! Bey meinem Hintritt zum Bett schlug er die Augen auf, sah mich mehrmalen bedeutend an, ohne aber ein Wort sprechen zu können; auf mein Fragen um seyn Befinden zeigte er mit den Fingern der linken Hand in den Mund, machte denselben auf mein Ansuchen gehörig auf, ließ sich ruhig untersuchen, und recht gerne einen noch vorhandenen Knochensplitter wegnehmen. Die innere Entzündung war übrigens gesteigert, der Puls klein und geschwinde. Beym Weggehen drückte mir Raimund mit dankendem Blicke die Hand.«

*Ein dankbarer
Blick zum
Abschied*

Ferdinand Raimunds Freundin Antonie Wagner lässt zwei weitere ärztliche Kapazitäten aus Wien kommen, die dem Dichter auch nicht helfen können. Der Pfarrer von Pottenstein erteilt ihm die Sterbesakramente, dann stirbt der Dichter, nach siebentägigem Todeskampf, unter unendlichen Qualen am Abend des 5. September 1836 in seinem Zimmer im Gasthaus Zum Goldenen Hirschen zu Pottenstein.

Der Schauspieler Karl Ludwig Constenoble, ein enger Freund Raimunds, notierte in Wien in sein Tagebuch:

Er starb am Abend des 5. September 1836 unter unendlichen Qualen im Gasthaus Zum Goldenen Hirschen in Pottenstein: der große Dichter und Schauspieler Ferdinand Raimund

»Vor dem Kaffeehause wurde von nichts gesprochen, als vom unglücklichen Selbstmord Raimunds. Die Nachrichten darüber waren unterschiedlich, man wusste noch nicht einmal, ob er schon verschieden sei. Dass er sich schlecht getroffen hat, ist leider nur zu gewiss. Schon vor einigen Jahren soll er sich haben entleiben wollen, weil er sich auch damals einbildete, von einem wütenden Hunde gebissen zu sein. Bei einem Hypochonder, wie Raimund es war, sind solche fixe Ideen leicht zu begreifen ...«

Anton Rollett nimmt am 7. September in Raimunds Sterbezimmer im Hirschenwirtshaus auch die Obduktion vor, in deren Bericht er die Schädeldecke als »äußerst interessant« bezeichnet. »Nicht bald sah ich einen Schädel, an welchem mehrere Organe entwickelter sich vorfanden. Das Organ der Einbildung, der Nachahmung, Vergleichung,

Ursächlichkeit, Umherstehung, Liebe zu Freigeistern, Beständigkeit, Billigung und der Hoffnung, fanden sich mehr oder weniger entwickelt. Es war daraus zu sehen, dass Raimund ein geborener Dichter und Schauspieler war« – eine Beurteilung, die wohl keiner zeitgemäßen Diagnose standhalten würde.

Der Arzt nimmt Raimunds Schädel mit nach Hause

Dr. Rollett muss von dem berühmten Schädel so angetan gewesen sein, dass er ihn, wie er später erklären wird, »im Interesse der Wissenschaft« mit nach Hause nahm. Dies wurde festgestellt, als die Bevölkerung sowie angereiste Freunde und Kollegen des dichtenden Schauspielers am 8. September von seinen sterblichen Überresten im geöffneten Sarg Abschied nehmen wollten. Mehrere tausend Menschen standen vor dem Gasthaus Zum Goldenen Hirschen, um den Dichter auf seinem letzten Weg zu begleiten. Die Verwunderung war groß, als man sah, dass ein Großteil des Raimund'schen Schädels fehlte.

Ein Bote wurde daraufhin zu Dr. Rollett nach Baden geschickt, doch als der sich weigerte, den Kopf auszufolgen, musste das Gericht eingeschaltet werden. Nun wurde der Arzt – der eine große Schädelsammlung sein eigen nannte – mittels Urteil gezwungen, Raimunds Haupt zu retournieren. Das Grab in seinem Heimatort Gutenstein war zu diesem Zeitpunkt bereits geschlossen und musste noch einmal geöffnet werden.

Das Gasthaus Zum Goldenen Hirschen wurde 1936, hundert Jahre nach Raimunds Suizid, unter Denkmalschutz gestellt und 1965 von seinen letzten Eigentümern Friedrich Glatz und Gertrude und Hans Buczkowski für immer

geschlossen. Raimunds Sterbezimmer ist bis heute unverändert geblieben und kann besichtigt werden.

Raimunds berühmteste Textzeile stammt aus seinem
Meisterwerk, dem Zaubermärchen *Der Verschwender*, dessen Hobellied mit den Worten des Tischlers Valentin
endet: »Da leg ich meinen Hobel hin und sag der Welt
ade.«

Als hätte Ferdinand Raimund seinen eigenen Nachruf
geschrieben.

*»Da leg ich meinen
Hobel hin ...«*

Ein Geheimgang für die Monroe
Die Treffen mit John F. Kennedy im Carlyle Hotel, New York

as Waldorf ist großartig«, sagte John F. Kennedy, »aber es sind mir zu viele Leute dort.« Also traf er die Entscheidung, ein anderes Hotel in der City of Manhattan zu buchen. Das Carlyle, Ecke Madison Avenue/76. Straße East erschien ihm als ideale Adresse, war es doch um nichts weniger feudal, dafür aber wesentlich verschwiegener. JFK hatte mit seinen zahllosen Liebschaften dort schon in seiner Zeit als Senator in den 1950er-Jahren intime Verabredungen und blieb dem heimlichen Liebestempel auch dann treu, als er Präsident der Vereinigten Staaten war.

John F. Kennedy (1917–1963), demokratischer Politiker, 35. Präsident der Vereinigten Staaten von Amerika

Das Carlyle brachte einen Vorteil mit sich, den kein anderes Hotel der Welt bieten konnte. Es gab einen Eingang, der in ein gänzlich unauffälliges Haus in New Yorks 77. Straße führte, von dem aus seine Affären durch einen Tunnel zur 76. Straße, direkt ins Carlyle Hotel, gelangten. So war es selbst den beiden berühmtesten Amerikanern ihrer Zeit möglich, sich heimlich und unbemerkt zu treffen: John F. Kennedy und Marilyn Monroe.

Wann immer der Präsident in New York war, stand ihm das Doppelappartement mit Innentreppe zwischen 34. und 35. Etage zur Verfügung. Und wenn er es gerade nicht

benötigte, überließ er es seinen Brüdern Robert und
Edward, aber auch Ehefrau Jacqueline und die Kinder gingen in der Suite 34-A ein und aus. Diese verfügte über zwei
Terrassen und einen Wintergarten, war mit Möbeln aus
der Zeit Ludwigs XVI. ausgestattet und hatte eine eigene
Telefonleitung, über die die Kennedys überallhin diskret
verbunden werden konnten.

Klarerweise fanden seine geheimen Rendezvous nicht in
der »offiziellen« Kennedy-Suite statt, sondern in einem
weit vom Familien-Appartement entfernt gelegenen Zimmer, das eigentlich für die Wachleute vom Secret Service
gedacht war. Dieser Raum, der über nicht viel mehr als ein
Doppelbett und ein Badezimmer verfügte, war John F.
Kennedys heimliches Liebesnest. Jeder wusste, dass die
Kennedys regelmäßig im Carlyle abstiegen, daher fiel es
nicht weiter auf, wenn man den Präsidenten dort sah. Freilich ahnte niemand, dass »Jack«, abgesehen von der Suite,
ein weiteres Zimmer hatte.

*Das heimliche
Liebesnest*

The Carlyle wurde 1929 vom Immobilienmakler Moses
Ginsberg errichtet, einem russisch-jüdischen Immigranten,
der vom Wallstreet-Crash profitiert und damit das Hotel
finanziert hatte. Es war mit großem Schick ausgestattet
und für Millionäre konzipiert, denen nicht nur 177 »normale« Zimmer, sondern – wie im Fall der Kennedys – auch
49 geräumige Residenzen zur Verfügung standen. Zu den
frühen Langzeitgästen zählten der Komponist Richard
Rogers, die Schauspielerin Ingrid Bergman und Angehö-
rige der Rothschild-Dynastie. Der erste Präsident, der dem
Carlyle die Ehre gab, war Harry S. Truman, aber zur
Legende wurde das Hotel – entgegen der eigentlich

*Schon Präsident
Truman nächtigte
im Carlyle*

gewünschten Diskretion – durch John F. Kennedy, dem das Carlyle seinen Beinamen als »New Yorks Weißes Haus« verdankt.

Die Monroe war natürlich nicht die einzige, mit der Kennedy hier seine erotischen Verabredungen pflegte. »Jack« hatte ein Faible für Schauspielerinnen, dementsprechend hießen seine Eroberungen Sophia Loren, Jayne Mansfield, Joan Crawford, Audrey Hepburn, Zsa Zsa Gabor und Lee Remick – andere waren weniger berühmt, aber nicht minder attraktiv.

Marilyn Monroe (1926–1962), US-Schauspielerin, Sexsymbol des 20. Jahrhunderts

Als die Romanze mit der Monroe begann, war Kennedy bereits Präsident. Ein Jahr lang waren der mächtigste Mann der Welt und Amerikas Sexsymbol ein Liebespaar. Während sie ihn aber als die große Liebe ihres Lebens sah, war sie für ihn nur eine Gespielin wie viele andere. Kennedy hatte gleichzeitig auch Verhältnisse mit einer großen Anzahl von Sekretärinnen, Stewardessen, Mannequins, aber auch Prostituierten, die er – wenn er in New York war – ebenfalls ins Carlyle kommen ließ. Sie alle wurden von seinen engsten Mitarbeitern abgeschirmt, aber ihre Namen sind feinsäuberlich in den JFK-Geheimakten des gefürchteten FBI-Chefs J. Edgar Hoover aufgelistet.

Die Monroe träumte davon, dass der Präsident sich eines Tages scheiden lassen und sie heiraten würde. Obwohl sie viele seiner Affären mitbekam, belastete Jacqueline Kennedy diese mehr als jede andere. »Monroe war eine tickende Zeitbombe, die jeden Moment an die Öffentlichkeit gehen und einen Skandal auslösen könnte, der die Reputation ihres Mannes vernichten, ihre Ehe zerstören und sie selbst öffentlichem Spott aussetzen würde«, schreibt

Geheime Treffen im Carlyle Hotel: Marilyn Monroe, John F. Kennedy

Kennedy-Biograf Christopher Andersen. Nach Darstellung des JFK-Schwagers Peter Lawford habe die Monroe einmal sogar Mrs. Kennedy angerufen und über die Affäre informiert. »Marilyn, heirate Jack nur«, reagierte Jackie, »ziehe ins Weiße Haus ein und übernimm die Pflichten der First Lady, und ich ziehe aus und du hast dann all die Probleme.«

In der Öffentlichkeit, vor der die Seitensprünge natürlich verborgen blieben, galten Jack und Jackie als Traumpaar, und das war trotz all seiner Abenteuer nicht einmal ganz falsch, zumal JFK in seiner Frau die einzige wahre Liebe sah. Und Jackie empfand die Jahre im Weißen Haus als die glücklichsten ihres Lebens.

Jack und Jackie als Traumpaar

Wenn John F. Kennedy sich von der Monroe verabschiedete, nannte er den Tag, an dem sie sich wieder im Carlyle treffen würden – sie durfte ihn niemals anrufen. Und während er das Hotel wie immer ganz offiziell und nach allen Seiten grüßend durch den Haupteingang betrat, musste sie durch den entwürdigenden Geheimgang kommen, der von der 77. zur 76. Straße führt. Das immer wieder auftauchende Gerücht, die Schauspielerin hätte auch eine Liaison mit JFKs jüngerem Bruder Robert gehabt, entstammt jedoch – wie Donald Spoto in seiner Monroe-Biografie nachweist – dem Reich der Phantasie.

Eine Gefahr für das Amt des US-Präsidenten

Unter den vielen Verschwörungstheorien, die in der Causa Monroe-Kennedy in Umlauf sind, ist die ungeheuerlichste die, dass »Jack« und »Bob« die Schauspielerin im August 1962 durch das FBI »beseitigen« ließen, weil John F. Kennedys Affäre mit ihr eine Gefahr für sein Amt als US-Präsident dargestellt hätte.

JFK hatte sein Playboyleben schon mit achtzehn Jahren begonnen, für ihn war es ganz normal, dass ihm keine Frau widerstand. Erst als sich sein politischer Höhenflug abzuzeichnen begann, erkannte Kennedy, dass er aus Gründen der Repräsentation eine Ehefrau brauchte. Auf der Suche nach einer künftigen First Lady entschied er sich für Jacqueline Bouvier, die aus einer erstklassigen Familie stammte.

57 nachgewiesene Freundinnen

Nach der Hochzeit im Jahr 1953 setzte der damalige Senator seinen ausschweifenden Lebenswandel unverändert fort, auch – und ganz besonders – als er dann Präsident war. Freilich herrschten in der Medienlandschaft dieser Zeit ganz andere Gesetze. Als Kennedy im Weißen Haus saß, wäre kein Reporter auf die Idee gekommen, seinen Liebschaften auch nur eine Zeile zu widmen. Erst in den 1970er-Jahren, als das Amt des Präsidenten durch die Watergate-Affäre beschädigt wurde, begann man auch Kennedys Leben posthum aufzuarbeiten. Seither haben

ihm seine Biografen insgesamt 57 Freundinnen nachgewiesen, es waren aber zweifellos mehr.

John F. Kennedy hielt sich, kurz bevor er im November 1963 seine letzte Reise nach Dallas antrat, in namentlich nicht weiter bekannter Damenbegleitung im Hotel Carlyle auf. »Ich bin in ein paar Tagen wieder zurück«, sagte er zum Portier Michael O'Connell – und ward nie wieder gesehen.

Als die erste Trauerphase nach dem Tod des Präsidenten lähmender Fassungslosigkeit gewichen war, stand man im Carlyle vor dem schier unlösbaren Problem, dass John F. Kennedy seine letzte Rechnung für Roomservice und andere Peronalkosten nicht beglichen hatte. Man überlegte hin und her, wie man die Angelegenheit, in der es um ein paar hundert Dollar ging, taktvoll regeln könnte. Endlich hatte der damalige Rezeptionist und spätere Hotelmanager

Durch einen Tunnel in der 77. Straße gelangte man diskret ins Carlyle Hotel.

George Markham die rettende Idee, die Sache diskret zu meistern. Man datierte seinen Aufenthalt um ein paar Tage – in denen er »offiziell« da war – zurück, sodass kein Verdacht entstehen konnte, und schickte die Rechnung an seine Witwe. Der offene Betrag wurde unmittelbar nach dem Begräbnis beglichen.

Ein letzter Besuch im Appartement 34-A

Jacqueline Kennedy stand nach dem Tod ihres Mannes vor dem Problem, das Weiße Haus innerhalb kürzester Zeit räumen zu müssen, damit es dem neuen Präsidenten Lyndon B. Johnson und seiner Frau zur Verfügung stand. Sie entschloss sich, mit Caroline und John Jr. nach New York zu ziehen und mietete sich – ausgerechnet – im Carlyle ein, wenn auch in einer anderen Suite im 31. Stock. Hier blieben Mutter, Sohn und Tochter zehn Monate. An regnerischen Tagen konnte man die Kennedy-Kinder in der Lobby spielen sehen. Ehe sie das Hotel für immer verließ, bat Jackie, noch einmal das Appartement 34-A besuchen zu dürfen. Sie ging darin mit ruhigen Schritten auf und ab und sagte: »Es sieht ja doch ganz anders aus als damals, als wir hier wohnten.«

Woody Allen an der Klarinette

In den 1980er-Jahren wurde The Carlyle vom *Forbes*-Magazin zum besten Hotel der USA erklärt. Bald trug auch ein anderer großer Name zur Legendenbildung bei. In der Bar des Hotels an der Madison Avenue tritt der begeisterte Klarinettenspieler Woody Allen seit Jahrzehnten regelmäßig mit seiner New Orleans Jazz Band auf.

Whitby-Allstar-Allstar/Zuma/picturedesk.com (233), IMAGNO/
Österreichische Nationalbibliothek/Kronen Zeitung (239),
IMAGNO/Archiv Jontes (243 rechts), Wikimedia Commons/
SchiDD (259, 261 links), Wikimedia Commons/World Telegram
& Sun Photo by Walter Albertin (265), Wikimedia Commons/
Thomas R. Machnitzki (268), Archiv Hans Buczkowski/Ferdinand
Raimund Gedenkstätte (274), Wikimedia Commons/Cecil
Stoughton (283 rechts), Archiv des Amalthea Verlages, Archiv des
Autors

Der Verlag hat alle Rechte abgeklärt. Konnten in einzelnen Fällen
die Rechteinhaber der reproduzierten Bilder nicht ausfindig
gemacht werden, bitten wir, dem Verlag bestehende Ansprüche zu
melden.

QUELLENVERZEICHNIS

Bücher:

Friedrich Adler vor dem Ausnahmegericht, nach dem stenographischen Protokoll, Berlin 1919.

Hedda Adlon, *Hotel Adlon. Das Berliner Hotel, in dem die große Welt zu Gast war*, München 1997.

Catherine Allégret, *Rendezvous mit der verlorenen Zeit. Die Jahre mit meiner Mutter Simone Signoret und mit Yves Montand*, Köln 1997.

Christopher Andersen, *These Few Precious Days: The Final Year of Jack with Jackie*, New York 2013.

Andreas Augustin, *Ana Grand Hotel Wien. The Story of Vienna and the Grand Hotel*, 1994.

Andreas Augustin, *Hotel Bristol Wien*, Wien 2000.

Andreas Augustin, *Hotel Imperial Vienna*, o. J.

Rolf Aurich, Andreas Hutter, Wolfgang Jacobsen, Günter Krenn (Hrsg.) *Billie, Billy Wilders Wiener journalistische Arbeiten*, Wien 2006.

Wolfram Baentsch, *Der Doppelmord an Uwe Barschel. Neue Fakten und Hintergründe zur größten Politaffäre der Bundesrepublik*, München 2008.

Anna-Maria Bauer, *Von Palais zu Café. Glanz und Glorie der Wiener Herrengasse*, Wien 2016.

Silke Behl, Eva Gerberding, *Literarische Grandhotels der Schweiz*, Zürich-Hamburg 2008.

Barbara Belford, *Oscar Wilde. Ein paradoxes Genie*, Zürich 2000.

Heribert Blondiau (Hrsg.), *Tod auf Bestellung. Politischer Mord im 20. Jahrhundert*, München 2000.

289

Thomas Blubacher, *Köpfe des 20. Jahrhunderts. Gustaf Gründgens*, Berlin 1999.

Rainer Buck, *Fjodor M. Dostojewski. Sträfling, Spieler, Seelenforscher*, Moers 2013.

Hans Buczkowski, *Ferdinand Raimund und Pottenstein*, herausgegeben von der Raimundgesellschaft von Gottfried Riedl, Pottenstein 2011.

Monika Czernin, *Das letzte Fest des alten Europa. Anna Sacher und ihr Hotel*, München 2014.

Renate Daimler, *Diana & Sisi. Zwei Frauen – Ein Schicksal*, Wien-München 1998.

Felix Czeike, *Historisches Lexikon Wien*, Wien 1992–1997.

Catherine David, *Simone Signoret. Geteilte Erinnerungen*, München 1991.

Max Edelbacher, Harald Seyrl, *Wiener Kriminalchronik*, Wien 1993.

Giuseppe Farese, *Arthur Schnitzler. Ein Leben in Wien 1862–1931*, München 1999.

Richard Ellmann, *Oscar Wilde*, Zürich 1987.

Hadwiga Fertsch-Röver, *Sein oder Nichtsein – Oskar Werners Tod in Marburg*, in: Martin Maria Schwarz, Ulrich Sonnenschein (Hrsg.), *Hessen vergessen, Orte ohne Erinnerung*, Marburg 2003.

Germund Fitzthum, *Reichskristalle. Streiflichter auf das Dritte Reich*, Frankfurt am Main 2003.

Eva Gogala, *Die Wiener Grand Hotels und ihre Gäste. Die Menschen. Die Geschichten*, Wien 2013.

Christine Hamel, *Fjodor M. Dostojewskij*, München 2003.

Hervé Hamon, Patrick Rotman, *Yves Montand. Du siehst, ich habe nicht vergessen. Ein Leben in diesem Jahrhundert*, Berlin 1995.

Harenberg Lexikon der Weltliteratur, Autoren – Werke – Begriffe, Dortmund 1989.

Elisabeth-Joe Harriet, *Die unvollendete Geliebte. Olga Waissnix & Arthur Schnitzler*, Wien 2015.

Theresia Hauenfels, Thomas Jorda, *Wohnen im Sommer. Das Phänomen Sommerfrische*, St. Pölten–Salzburg 2009.

Conrad Hilton, *Die Welt bei mir zu Gast. Das ungewöhnliche Leben des amerikanischen Hotelkönigs*, München 1957.

Heinz Horrmann, *Die 99 ultimativ besten Hotels der Welt*, Berlin 2002.

Heinz Horrmann, *Die Besten der Besten. Grandhotels*, Frankfurt/Main-Berlin 1993.

Hotel del Coronado, History, San Diego, 2013.

Philippe Julian, *Das Bildnis des Oscar Wilde*, Hamburg 1972.

Hellmuth Karasek, *Billy Wilder. Eine Nahaufnahme*, Hamburg 1992.

Egon Erwin Kisch, *Der rasende Reporter*, Berlin/Weimar 1983.

Bruno Kreisky, *Zwischen den Zeiten. Erinnerungen aus fünf Jahrzehnten*, Berlin-Wien 1986.

Johannes Kunz, *Frank Sinatra und seine Zeit*, München 2015.

Viktor Lasky, *Bob Kennedy. Mensch, Mythos und Tragödie*, Wien-München-Zürich 1968.

Peter Longerich, *Hitler. Biographie*, München 2015.

Georg Markus, *Der Fall Redl. Mit unveröffentlichten Geheimdokumenten zur folgenschwersten Spionageaffäre des 20. Jahrhunderts*, Wien-München 1984.

Georg Markus, *Meine Reisen in die Vergangenheit*, Wien 2002.

Georg Markus, *Was uns geblieben ist. Das österreichische Familienbuch*, Wien 2010.

Leo Mazakarini, *Das Hotel Sacher zu Wien*, Wien 1983.

Leo Mazakarini, Andreas Augustin, *Die berühmtesten Hotels der Welt. Hotel Sacher Wien*, Singapur-Wien-London 1997.

Verena Moritz, Hannes Leidinger, *Oberst Redl. Der Spionagefall, der Skandal, die Fakten*, Wien 2012.

Ralf Nestmeyer, *Hotelwelten. Luxus, Liftboys, Literaten*, Stuttgart 2015.

Therese Nickl, Heinrich Schnitzler (Hrsg.), *Arthur Schnitzler, Olga Waissnix, Liebe, die starb vor der Zeit – Ein Briefwechsel*, mit einem

Vorwort von Hans Weigel, Wien-München-Zürich-New York 1981.

Reinhard Pabst, *Thomas Mann im Hotel*, in: *Grand Hotel: Bühne des Lebens*, hrsg. von Cordula Seger und Reinhard C. Wittmann, München 2007.

Robert Pap, *Der Thalhof bei Reichenau a.d. Rax*, Schwarzach-Berndorf 2015.

William F. Pepper, *Die Hinrichtung des Martin Luther King. Wie die amerikanische Staatsgewalt ihren Gegner zum Schweigen brachte*, aus dem Amerikanischen von Erwin Fink und Dirk Oetzmann, München 2003.

Michael Pohl, *Hotelgeschichten weltweit: 75 Herbergen, in denen das Bett zur Nebensache wurde*, Meerbusch 2013.

Hermann Pongs, *Lexikon der Weltliteratur*, Augsburg 1989.

Gottfried Riedl, *Ferdinand Raimund. Bilder aus einem Theaterleben*, Wien 2005.

Max Ronge (Nachlass), *Unveröffentlichte Aufzeichnungen*, Kriegsarchiv Wien.

Max Ronge, *Kriegs- und Industrie-Spionage. Zwölf Jahre Kundschaftsdienst*, Wien 1930.

Manfred Schneider, *Das Attentat. Kritik der paranoischen Vernunft*, Berlin 2010.

Christa Schroeder, *Er war mein Chef. Aus dem Nachlass der Sekretärin von Adolf Hitler*, München-Wien 1985.

Otto Schwarz, *Hinter den Fassaden der Ringstraße. Geschichte, Menschen, Geheimnisse*, Wien 2007.

Thomas Sprecher, *Davos im Zauberberg. Thomas Manns Roman und sein Schauplatz*, München 1996.

Thomas Sprecher, *Literatur und Krankheit im Fin-de-Siècle. Thomas Mann im europäischen Kontext*, Frankfurt am Main 2000.

Donald Spoto, *Marilyn Monroe. Die Biographie*, München 1993.

Christian Springer, *Enrico Caruso. Tenor der Moderne*, Wien 2002.

Del Quentin Wilber, *Rawhide Down: The Near Assassination of Ronald Reagan*, New York 2011.

Evan Thomas, *Robert Kennedy. His Life*, New York 2000.

August Urbanski von Ostrymiecz, *Das Tornisterkind (unveröffentlichte) Lebenserinnerungen*, Wien o.J.

Walther F. Ziehensack, *Hotel Imperial*, Wien-Hamburg 1979.

Zeitungen:

Berliner Kurier, 3.1.2013, Anne-Kattrin Palmer, *Adlon, das Liebesnest für den Kaiser.*

Berliner Zeitung, 23.8.2008, Claudia Diemar, *Rubel und Roulette: Russen in Baden-Baden – eine Spurensuche im Gestern und Heute.*

Davoser Revue, 1994, Thomas Sprecher, *Wie es zum Zauberberg kam.*

Die Presse, 14.10.2011, Hans Werner Scheidl, *Vorm Sirk: Die berühmteste Ecke Wiens*

Die Welt, 4.4.2008, *Martin Luther King – Tod eines Hoffnungsträgers.*

Die Welt, 29.7.2013, Gesche Wüpper, *103-Millionen-Rekordbeute beim Coup von Cannes.*

Die Welt, 4.10.2013, *Als Mephisto sagte »Lass mich ausschlafen«.*

Die Welt, 21.8.2015, Helge Sobik, *Hier speisten schon Picasso, Matisse und Chagall.*

Destination Davos Klosters, 2012, *100 Jahre Faszination Zauberberg und Thomas Mann.*

Der Spiegel, 24.1.2004, *Helmut Newton ist tot.*

Der Spiegel, 7.8.2013, Marc Pitzke, *Neue Enthüllungen über JFK: Der Playboy-Präsident.*

Der Spiegel, 25.3.2011, Marc Pitzke, *Attentat auf Ronald Reagan, »Achtung, es wurde geschossen!«*

Der Spiegel, 12.6.2015, Stefan Simons, *Trotz Freispruchs für Strauss-Kahn: Schuldig im Namen des Volkes.*

Express, 30.4.2014, *The secret torment of Rat Pack legend Sammy Davis Jr.*

Frankfurter Allgemeine Zeitung, 4.6.1968, Mathias Rüb, *Martin Luther King: An einem glücklichen Tag seines Lebens.*

Frankfurter Allgemeine Zeitung, 24. 1. 2004, *Starfotograf Helmut Newton tödlich verunglückt.*

Hamburger Abendblatt, 30. 7. 2013, *Juwelenraub in Cannes: »Hotel war etwas unvorsichtig«.*

Illustriertes Wiener Extrablatt, 25. 5. 1918

Kurier, 17. 5. 2011, *Ich liebe die Frauen. Na und? (Dominique Strauss-Kahn).*

Kurier-freizeit, 26. 4. 2014, Eva Gogala, *Land, Luft & Leidenschaft: Der Thalhof in Reichenau.*

Luxury Life Review, 14. 9. 2012, Joan Scobei, *Hôtel de Paris, Monte Carlo Icon.*

Mein Bezirk, 16. 5. 2011, *Ferdinand Raimund: Das Schicksal setzt den Hobel an.*

New York Magazine, 19. 12. 1983, Marie Brenner, *The Inside Story Of the Carlyle.*

New York Times, 10. 5. 2015, James McAuley, *The Artful Lodgers: La Colombe D'Or.*

Osnabrücker Zeitung, 17. 8. 2015, *Verhaftet im Cadogan Hotel: Oscar Wilde.*

P. M. Biografie, 4/2006, Patricia Bröhm, *Das Waldorf Astoria New York: Ein amerikanischer Traum mit fünf Sternen.*

RP Online, 5. 10. 2013, *Gustaf Gründgens: Tod eines Theatergenies.*

Seitenblicke Magazin, 18. 5. 2016, Janina Lebiszczak, *La Colombe d'Or: Jeder Tag hier ist wie Theater.*

Spiegel Geschichte 1/2012, Carmen Eller, *Spielschulden und saurer Wein: Fjodor Dostojewski in Deutschland, Absturz in Roulettenburg.*

Stern, 25. 3. 2012, Frank Siering, *Tod von Whitney Houston aufgeklärt: Im Kokainrausch ertrunken.*

Süddeutsche Zeitung, 5. 4. 2012, *Whitney Houston ertrank mit Gesicht nach unten in der Wanne.*

The New York Times, 30. 3. 1981, Howell Raines, *Reagan Wounded in Chest by Gunman.*

The Telegraph, 18. 1. 2015, Anita Singh, *Hôtel de Paris in Monte Carlo sells off its history.*

The Wall Street Journal, 12.9.2013, Alexandra Wolfe, *The Never Ending Glamour of the Carlyle Hotel.*

Travelbook, 22.4.2016, *Todesfälle im Hotel. Was wurde aus 13 Zimmern, in denen Promis starben.*

Wiener Zeitung, 3.3.2016, Maria Gornikiewicz, *Es steht ein Haus in Reichenau.*

Personenregister